堀江貴文

Takafumi Horie

好きなことだけで生きていく。

ポプラ新書
126

少し長いはじめに

1％と99％の人々

この「はじめに」は少し長いが、本書で最も大切なことを伝えたいと思うので、真剣に読んでほしい。

さて、本書のテーマは「好きなことを仕事にして、これから一生、好きなことで生きていく」ためにはどうすればいいのか、ということだ。

「好きなことだけして、生きていけるわけがない」

「やりたいことを仕事にできるなんて、そんな甘い世の中ではない」

「我慢・苦労・努力は美徳。人生は耐え忍ぶことにこそ価値がある」

あなたたちは、親や教師やメディアから、こんな言葉を浴びせられ続けてこまで生きてきたのではないだろうか。いろいろな人によって「好きなことをする」ということに罪の意識を感じるように洗脳されてきたのではないだろうか。

しかし、断言しよう。

人は好きなことだけして生きていける。

それは、例外なく、あなたも。

こんなことを言うと、「堀江だからそんなことが言える」「世の中の大多数の人間はそんなふうにはいかない」「特殊な才能を持った人にだけ言えることだろう」と、必ず「できない理由」を並べたてる人がいる。それを言う人は、自分自身であったり、周囲の人間であったりするだろう。

だが、そんな言葉に惑わされてはいけない。

「できない理由」を探す時間に意味はない。

できない理由を並べたてる暇があったら、もしかしたらできないかもしれなくても、まず一歩を踏みだしてみればいい。

成功するか失敗するかなんて、その後にしかわからない。失敗したら、また起き上がればいい。そして、たとえしばらく起き上がれなくても、また新たな風は吹くものだ。その大失敗が、思わぬ成功へのチャンスにつながっている場合もある。

とにかく、まずは「行動あるのみ」だ。

僕はいつも、そうやって生きてきた。だから、痛い目も見たし、成功もした。時には耐え難いような苦しみも経験した。しかし、その全てにおいて言えることとは、「周囲の声を言い訳にせず、僕の選択で、僕の生きる道を選んできたから、何も後悔はない」ということだ。

自分の選択で一歩踏みだしてみれば、大失敗をすることもある。大恥をかくこともある。しかし、それによって失うものなど、よくよく考えてみれば、何もないのではないだろうか。

それによって傷つくものなど、あなたの「小さな小さな」プライドだけに過ぎないのではないだろうか。そして、そんな小さなプライドなんて、実は周囲は気にしてすらいない。

失敗したときの周囲からの嘲笑《ちゅうしょう》が怖いという人は多い。けれど、あなた以外の人間なんて、所詮あなた以外の人間だ。無責任なものだ。あなたの悪口を言ったって、陰でバカにしたって、そんなことは次の日にはケロッと忘れている。

あなた以外の人間なんて、所詮そんなものだ。そんな人間の目を気にして、あなた自身が自分の人生を無駄にしていいわけがない。

自分の人生は、自分の責任でもって、自分自身で決めてほしい。そして、一寸の後悔のないよう、いや、後悔したとしてもそれが自分の決断による後悔だから受け入れられるよう、そんな生き方をしてほしい。

……と、ここまで書いてみた。さて読者の皆さんはこれを聞いて、どう思っただろうか。


「ホリエモンの言うとおりだ！」

「自分も後悔しない生き方がしたい」

「やりたいことを今すぐやります！」

「プライドなんて、捨てる！」

「好きなことだけで生きていく」


このような好意的な思いを抱いてくれる読者も多いかと思う。

でも残念ながら、結局そこまでなんだ。99％の大多数の人は。

そう、これまで僕は、著書はもちろん、あらゆるメディアを使って、行動することの大切さを訴えかけてきた（それが自分が本当にやりたいことなら）。とにかく、うだうだ考えないですぐにやりなさいと。「言い訳」を並べたてて口を動かしている暇があったら、一歩を踏みだしなさいと。

しかし、これは僕の感覚だが、それで自分を根本から変え行動に移した人は、1％にも満たないのではないだろうか。もし僕の著書を10万人が真剣に読んでくれたとしたら1000人ぐらいか。いやそう考えると1000人もいない気もするが……。

まあ、人数のことはいい。実際、極端に少ないのは確かだと思う。

先のように一時的には、意識、気持ち、モチベーションを比較的多くの人が変えてくれる。でも、やらない、続かない、行動で示してくれない。

ある人が僕の講演を聞きにきてくれる。

自分の貴重な時間を割いて聞きにきてくれて、僕の話に共感してくれて、その場では表情を変え決意を新たにしてくれる。

だが、少したつとまた僕の講演を聞きにきている。

この間にその人自身なんにも変わっていない。

こんな人が多いのが本当に寂しい。

1%の人たちはどこにいる?

僕はこの99%の人が変わらない意味がわからないし、ずっと不思議に思ってきたし(これについては、ある一つの理由に行き着いたので、『すべての教育は「洗脳」である』を書いた。こちらも本書とあわせて参考にしてほしい)、これからも僕の考えは変わらないだろう。

それでも、1%の変わる人がいるのもまた事実だ。

本書では、この1%の人に、よりフォーカスを当てていきたいと思っている。

では、この1％の人たちは誰なのか？　どこにいるのか？

もちろん、僕の周りには、僕の尊敬する経営者、クリエイター、職人、芸能人、エンターテイナー、教育者、学者など……たくさんいる。自分の強みを最大限に発揮し、それぞれの分野で成功を収めてきた人たちだ。ただ、彼らだけではない。

その1％の人たち（もしくは、その予備軍）は、今僕のすぐ近くにいる。それは、僕のオンラインサロン、堀江貴文イノベーション大学校（「TAKAFUMI HORIE INNOVATION UNIVERSITY」以下、ＨＩＵ）のメンバーたちだ。

ＨＩＵがどういったところかということについては、本書でところどころ説明するが、ここではまず端的に説明したい。

メンバーは月額1万円（税別）を払い、僕が運営するプロジェクトに参加したければ参加し、僕とゲストの対談を聞きたければ対談を聞き、月2回ある僕も参加するイベント（トーク＋懇親会）に参加したければ参加する。

僕は月1万円の対価として、月2回のイベントに参加し、そこでさまざまなゲストとの対談をし、また懇親会ではメンバーから質問があれば惜しみなく答える。いわば、コンサルのようなこともしている。

また、Facebook内にグループをつくり、そこで僕やメンバーがビジネスを発案。それに参加したい者は「やります!」と声を挙げ、Facebookにコメントし、そしてプロジェクトを始動する。

うまくいきそうなものには、実際に僕が投資することもある。実際に儲かっているプロジェクトも多い。

HIUの会員数は今や1000人を超えるほどになっている。僕自身、HIUにハマッているからこそ、運営をしていて本当に面白いしアイデアもどんどん出てくる。この僕の熱狂がメンバーにもうまく波及している。

本書の大きなテーマは「好きなことだけで生きていく」ためにはどうすればいいかということだが、ひと言で言ってしまえば、この答えがHIUに詰まっている。

極論、HIUに数回真剣に参加してもらえば、本書なんていらないし、読む必要はないと思う。この本を読む時間があるなら一度、何かＨＩＵのイベントに参加してもらったほうがよっぽど有意義な時間になると、本気で思っている。しかし、ここでそんなことを言っても、それこそすぐに行動するような人は１％もいないだろう。

僕からの最後通告

ここで断っておくが、本書の内容、僕の意見を全ての人に押しつける気はさらさらない。

けれど、この本を手に取ったあなたは、少なくともどこかで、「好きなことだけをして、後悔なく生きていきたい」と願っているのだと思う。

あなた自身は気づいていなくても、この本を手に取った時点で、あなたの潜在意識の中に、そんな思いがきっと眠っているはずだ。

僕は２０１５年末に、『本音で生きる』という本を出した。この本の冒頭に、次のように書いた。

「本書を読んで、自分にとって必要なことに気づいたら、きっともうこの本はいらなくなる。それがこの本が望む到達点だ。そして僕も、もう二度とこういう本は書かないと思う」

こう書いたにもかかわらず、相も変わらず僕はまた「こういう本」を書いた。想像以上に動こうとしない不器用なあなたたちに向けて、まだ新たに書くべきことがあると思った。ここ数年のＨＩＵでの経験を通して、普通の人たちが劇的に変わっていくのを目の当たりにして、今の僕の思いを率直に書くべきだと思った。


本書は、いわば僕からの「最後通告」だと思ってもらいたい。

既存のレールに乗って生きていくことは、これからの時代、通用しなくなる。僕が言う１％の人にならなければ、本当の意味で仕事に没頭することはできなくなる。

あらゆる分野において皆さんの想像以上のスピードでテクノロジーが発達しＡＩ化が進み、これまで普通にあった職業がなくなる。稼げなくなる。与えられる仕事だけこなしていれば安泰の時代はもうすぐ終わる。そんなことはありえないと思っているあなたが一番危険だ。

自分から動き、何かを見つけ、仕事を生みだしていかなければならない。そうしないと人生を楽しむことができなくなるということをわかってほしい。

おせっかいかもしれないが、「好きなことだけで生きていく」ことがいかに価値のあることか、幸せなことか、そして、意外と簡単なことか、体験してほしい。

そのことを伝えたくて、本著の執筆に至った。

なぜ僕がこんなにもおせっかいを焼くのか。

それは、今僕が、好きなことだけをして生きていて、幸せだからだ。

そして、そんな幸せな人たちが多くなれば、日本は劇的に変わり良くなり、僕自身ももっと面白い人生を送れると思うからだ。

本書を読み終えたあと、いやこの「はじめに」を読み終わった瞬間でかまわない。今の人生に満足できていないと思っている人は、本書をきっかけに自分を変えてほしいと切実に願う。

最後に、改めて言いたい。僕は二度とこういう本は書かないと思う。いや、近い将来、「もう書く必要はない」と思いたい。

2017年4月吉日
堀江貴文

好きなことだけで生きていく。／目次

第3章　僕らには無駄なものが多すぎる　113

カバーデザイン
FROG KING STUDIO
カバー写真
京介
プロデュース
中谷大祐（株式会社アディス）
企画協力
大里ヨシユキ（株式会社アディス）
編集協力
西内悠子／山守麻衣

協力
蒔苗太一、濱 彰史、
高橋弘毅、香田俊太朗
（以上、堀江貴文イノベーション大
学校サロンメンバー）
校正
東京出版サービスセンター
DTP
アレックス

第1章

僕が唯一背中を押せる場所

なぜ堀江貴文イノベーション大学校をつくったのか？

僕が直接「背中を押す場所」、それがＨＩＵ

よく「堀江さんは、どうしてＨＩＵという組織をつくったのですか？」と聞かれる。

皆に「好きなことだけをして生きる」ことを体感してもらうため、そして、それによって僕が、より好きなことをして生きていくため、これに尽きる。

僕は、とにかく一度きりの人生を大満足しながら生きていきたいと思っている。一瞬たりとも後悔なんてしたくない。そしてＨＩＵのメンバーにもそれを体感してもらいたいと考えている。

お互い「月1万円の会費」「月2回のイベント」「自発的に参加したプロジェクト」以外は、何を強制されるでもなく、やる気がなければ何もしなくても誰にも怒られることはないし、やる気があればどれだけプロジェクトに参加しまくろうと誰にも咎められることはない。

ただ、そんな自由すぎる雰囲気の中、これまで一歩踏みだせなかった人が突然ＨＩＵのメンバーになっただけで「一歩踏みだせる性格」になることは難しいだろう。

僕にもその気持ちはよくわかる。だからこそ、僕のここでの大きな役割は「背中を押すこと」「お尻を叩くこと」にあると思っている。

そもそも、月1万円を払ってＨＩＵの会員になるというだけでも「大きな一歩」だろう。

しかし、そこでプロジェクトに自ら率先して参加したり、イベントの企画で一番に手を挙げたりということもまた、これまでの教育で「協調性こそ全て」と洗脳されてきた人には「大きすぎる一歩」なのだ。

だからこそ、僕はこのＨＩＵにせっかく入ってくれた人の背中は、惜しみなく押していきたいと思っている。

正直最初は不安だったＨＩＵ

今では１０００人以上の会員が集まり、自主性のある会員も増え、さまざまなプロジェクトが一気に軌道に乗り始めている。

だが、何も最初からこうだったわけではない。僕自身にとってのＨＩＵも「手探りでどうなるかわからないが、まずやってみる」ことから始まった。

試行錯誤でその都度改善していけば絶対に良い場所になる、その根拠のない自信だけで始まったといってもいい。

僕にとっての最初の会社オン・ザ・エッヂ、またライブドアもそうだったし、東京に出たいがために始めた東大の受験だってそうだった。これまでの、トライアスロン、ロケット開発、ライザップ体験だって、全部そうだ。

とにかく「やってみて、考える」ということの大切さ、行動してみることの大切さを身をもって実感してきた。そして、その先に大きな成功や失敗があることも。そして、その成功と失敗どちらからも、必ず学びがあることも。

最初は僕が何を言ってもメンバーは消極的で、正直どうなることかと思っていた。メンバーにはそれぞれ仕事や家庭や学業など既存の時間があって、当然といえば当然のことだったのかもしれない。

けれど僕には、それを言い訳にしてせっかくの機会を逃しているような気がしてならなかった。だから僕はメンバーには「面白いかわからなければ、とりあえずやってみなよ」「うまくいくかわからなくても、とりあえずやってみなよ」ということを言い続けた。

人は、言い続けられなければテンションを保てない生き物なので、HIUの場は、「堀江貴文にひたすら『行動しろ』と言い続けられる」という意味で良かったのかもしれない。

最初は僕が「あそこに行けば面白い」「こんなプロジェクトをすれば儲かるんじゃないか」と言っても、なかなか誰も手を挙げようとしなかった。けれど、僕がしつこくおせっかいに「行動しろ、行動しろ」と言い続けているうちに、行動する人が一人となり、それが派生して二人、三人になり、今ではプロジェクトの取り合いになるほどにまでメンバーに積極性が身についてきた。

ホリエモンの思考を盗む場所

HIUは、堀江貴文の思考を盗む場所だと言えるのかもしれない。

盗もうと思わずとも、そこにいれば自然に僕と似たような思考回路が形成されるだろう。おそらく世間一般での僕のイメージよりも、僕自身が身近な存在であり、僕の思考は簡単に誰でも真似できることもわかってもらえるのがＨＩＵだと思う。

もちろん僕の思考を盗む場所は他にもある。『ゼロ』『本音で生きる』『99％の会社はいらない』など、これまでさまざまな著書を出してきた。1万数千人の読者がいる有料メールマガジン「堀江貴文のブログでは言えない話」では週に一度、いろいろな質問に答えたり、時事ネタやビジネスについても僕の意見を包み隠さずに公開している。

そこから思考を盗んでもらってもいいだろう。だが、著書やメルマガでは僕は背中を押し続けることはできない。だからこそ、ＨＩＵは僕にとってもすごく貴重な場だ。彼らの背中をぐいぐい押しまくることができるし、その劇的な変化を見るのも楽しみだ。

月2回の堀江貴文とゲストの対談

また、ＨＩＵの魅力は僕とゲストの対談にもあるだろう。

これまで登場いただいたゲストは、大阪府知事の松井一郎さん、小説家の冲方丁さん、教育改革実践家の藤原和博さん、ＧＬＡＹのＴＡＫＵＲＯさん、メンタリストのＤａｉＧｏさん、コピーライターで『伝え方が９割』の著者の佐々木圭一さんなどジャンル問わずさまざまで、ビジネスや遊びや政治の話が発展しそうな人を招いて議論を繰り広げる。真面目な話もあれば、くだけた話までなんでもありだ。

そこで、ゲストの思わぬ質問から僕の新たな考えが引きだされることもある。これが、僕の著書だけで僕の思考を盗むこととの何よりの違いではないだろうか。

このゲストとの対談の模様は、詳細はメンバー以外には非公開で、対談のごく一部だけを僕のメディア「ホリエモンドットコム」にて、「ＨＩＵレポート」として公開している。

また、月2回のイベントは絶対に足を運ばないとならないというものではなく、予定が合わない場合はFacebook動画で生放送を見ることもできるし、生放送の時間にも合わない場合は、あとからその動画を見ることもできる。

Facebookに登録してメンバーになりさえすれば、東京はもちろん地方、海外、どこにいてもサロンメンバーとして参加することができるのだ。そこにコメントをするもよし、見るだけもよし。また、その場にいるサロンメンバーには毎回ゲストへの質問時間が設けられるため、そこでゲストや僕に直接質問することもできる。

人生の質問、ビジネスの質問、恋愛の質問、なんでもいい。その代わり、質問の「質」が良くないときにはきっちり僕から指摘もする。この「質問力」についてでは、4章で詳しく述べたい。

けれど、もしそこで僕から指摘を受けても、それでめげないでほしい。最近は、それでもめげずに「出る杭」になろうとするメンバーが数多く出てきている、そして、出る杭になっても打たれない環境がある、それがHIUである。

貴重なトークの中で、僕の思考を、ゲストの思考を盗み、時にはゆるい世間話を笑いながら見てもらえると、僕も嬉しい。

「編集学部」という有能な出版チーム

ＨＩＵにはさまざまなFacebookグループ（分科会グループ）がある。例えば「編集学部」というグループでは「ＨＩＵメンバーで、堀江貴文関連コンテンツを出版する」というコンセプトのもと活動している。

もちろん書籍の出版にはプロのノウハウが必要ということもあり、特任教授として僕のメルマガ編集を担当している「編集Ｓ」こと杉原光徳くんや幻冬舎の編集者で若手ヒットメーカーの箕輪厚介くんに入ってもらい、アドバイスをもらいながらメンバーはどんどん実践的な「編集力」を高めている。

ここでの取り組みは非常にうまくいっていて、例えば２０１６年の12月に発売された、僕のライザップ体験記『みるみる痩せる!!堀江式ライザップ』（幻冬舎plus＋／Kindle版）も箕輪くんが編集として関わり、またあのインパクトのある表紙のデザインもＨＩＵのメンバーであるデザイナーの鈴木潤さんが担当している。

一般的に、デザイナーに書籍の表紙デザインを頼めば数十万はくだらない。しかし、サロンメンバーは「僕の著書に関われるのなら」と、月額1万円を払いながら、さらに喜んでデザインをやってくれるのだ。

その代わり、デザイナー側にも知名度が上がったり実績ができたりというメリットもある。この本が名刺代わりになり、次のデザインの仕事につなげることだってできるはずだ。

そんなふうに、お互いになんのしがらみもなく、やりたい仕事をやりたいだけやる、その結果、お互いにメリットがあるという関係を構築できているのがＨＩＵなのである。

リーダーに能力はいらない

例えば編集学部の Facebook グループで、僕が「『プレゼンの達人』になるための書籍をつくる人いませんか？　早い者勝ちで」と投稿する。

すると、そこに最初に書き込んだメンバーが、このプロジェクトの「リーダー」になる。この「早い者勝ち制」には驚く人も多いようだ。

その理由は「一番に手を挙げた人物が有能とは限らないのではないか」というものだ。

それはそのとおりだ。だが、リーダーに能力の有無は関係ない。これが僕の持論だ。

僕がいつも「早い者勝ち」と言うのには理由がある。というのも、率先して手を挙げる「行動力」にこそ、能力以上の価値があると僕は考えているからだ。率先して手を挙げるリーダーは、行動力と瞬発力とやる気に満ち溢れている。

仮にそのリーダーは「バカ」でもいい。というか、真っ先に行動を起こす人間は良い意味で皆バカだ。僕もバカだ。成功している起業家にもバカが多い。

リスクを小利口に計算せず、いや、しようともしないバカさ加減が、イノベーションを生みだす、僕はそう信じている。

大きな夢を語りながら無謀なことに挑戦するバカさがあるからこそ、それが形になったときに大きな成功となる。

一方で、小利口は所詮、小利口止まりだ。

「小利口になってはいけない」。これは、僕が普段から口癖のように言っている言葉で、小利口ほどイノベーションを起こせない種族はいないということだ。イノベーションを起こしたければバカになれ。だからこそ、僕がFacebookグループで何かを発案したならば、一度バカになって「やります！」と言ってみてほしい。

会社や組織で、何かプロジェクトが始まるときに、やりたいと思ったら積極的に一歩を踏みだしてほしい。

本当にやる気があるのなら、その後にでもやり方はいくらでも思いつくだろう。そして、バカなまま突っ走って、大きなイノベーションを起こしてほしい。

小利口に様子を見ている暇はない。

リーダーに能力はいらない。リーダーはバカでいい。それに、リーダーはバカなほうが、周りのフォロワーが助けてくれて、良いサイクルができる。これが、僕がプロジェクトメンバーを「早い者勝ち制」にする理由だ。

実践を超える勉学は存在しない

経営を学ぶとなると、人はこぞって「ＭＢＡ」を取得しようとする、「有名大学の経営学部」「ビジネススクール」に入ろうとする。

けれど、本当にそこで実践的な学びが得られるのだろうか。

もちろん、アカデミックな勉強の体験もビジネスに生かせることもあるだろう。しかし僕は、「実践を超える勉学は存在しない」と思っている。

実践、行動してみて初めてわかることがある。初めて見える問題点がある。ＨＩＵ内でのプロジェクトも、いわば経営と同じようなものだ。

そこでお金を生むために考える、チームをまとめ上げるために行動する。そんな状況に飛び込んで、実際に運用して失敗したり成功したりして学んだ「生の勉強」こそが「本当の勉強」なのだと思う。

ＨＩＵは、そんな「本当の勉強」を、実際のビジネスやプロジェクトを通して体験してもらう。もちろん、無償の場合もあれば、儲かれば有償となる場合もある。ビジネスとして面白いなと思ったものには、僕が出資することもある。そんな「生のＭＢＡ」は、どこの大学にもない、僕が通った東京大学にもないものだと自負している。

一つ実例を挙げると、多機能ソフトスーツケース「Carryco with me」を企画・製作し販売まで行った有志グループがある。

きっかけは、ＨＩＵでの僕とちきりんさんの対談で「ソフトスーツケース」が話題にのぼったことだ。

ちきりんさんは、ブログで旅行に便利ということで、「大きなソフトスーツケース」をすすめていた。僕も同意見で、どれだけソフトスーツケースが便利かということを二人で大いに語った。そのとき「でも、日本のソフトスーツケースって地味なのしかないよね？」「だから、イケてるデザインでつくれば大きなビジネスチャンスになる」という話があり、その翌日僕が「誰かちきりんさんの言っていたカッコいいスーツケースつくる人いない？」と呼び掛けると、「今までにないスタイルの便利なソフトスーツケースをつくろう！」ということで旅行やファッション好きのメンバーが集まった。

当初11名いたメンバーが最初の2カ月で半数がやめてしまったり、半年以上かかってもどこのメーカーも工場からも相手にされなかったりなど、いろいろな壁にぶち当たり、企画から試作品の完成まで1年半かかったが、見事「Carryco with me」を完成させた。

僕も購入したが、ケースを立てたまま開けられ使いやすいし、収納力もあり、それに地味じゃないのがいい。

完成後、企画の発端となったちきりんさんが、実際にメンバーに話を聞いてくれブログで紹介してくれた。スーツケース自体についてデザインや仕様など好意的な意見をいただいたが、何よりも対談をきっかけに誕生したプロジェクトをちゃんと目に見える形にしたことを称えてくれた。

ちきりんさんのブログから言葉を引用したい。

「その『実際やる&最後までやりきる』のがマジ大変。話を聞いてみると、このプロジェクトもやっぱ苦労の連続だったみたい。でもね。だからその苦労や学びが『価値』になるわけで」

本当にそのとおりだ。今は、いいアイデアはどこにでも転がっているし、誰にでも思いつける時代だ。あとは「やるか、やらないか」だけ。そして「やる」を選ばない限り、「学び」を得ることはできない。

余談だが、僕が東京大学でしていたことといえば、正直麻雀や競馬くらいのもので、あとはすぐにプログラマーのアルバイトを始めて自分でビジネスを立ち上げた。

つまり、大学に行ったから今の僕があるわけではない。むしろ、僕は大学すら不要であると思っているくらいだ。大学だけじゃない。同じコミュニティで同じ年代の仲間だけと群れて机上の空論を繰り広げるだけの義務教育ですら、僕は時代遅れだと思っている。まあ、この話をすると長くなってしまうので、詳しくは拙著『すべての教育は「洗脳」である』を読んでもらいたい。

「六本木ホリエモン祭」とは⁉

ＨＩＵの最近の大きなプロジェクトとしてぜひ紹介したいものがある。

「六本木ホリエモン祭《まつり》」だ。自分の名前を冠にして、「なんだそれは？！」と思うかもしれないが、その名のとおり、僕が六本木をジャックするというコンセプトで2017年2月4日に朝から深夜にかけて行われたイベントである。

六本木のZeppブルーシアターをメイン会場とし、その他、僕もよく行く六本木のカラオケバー「ＢＡＮ×ＫＡＲＡ（バンカラ）」をはじめ、計10カ所をサテライト会場にして行われた、「ホリエモン一色」の祭典である。

メイン会場は、僕と豪華ゲスト陣との対談が主なプログラム。田原総一朗さん、鈴木英雄さん、坪田信貴さん、佐渡島庸平さん、音喜多駿さん、家入一真さん、松田馨さん、見城徹さん、諸星和己さん、西野亮廣さん（順不同）などにご登場いただき、僕とひたすら対談を繰り広げてもらった。

各サテライト会場では、それぞれＨＩＵメンバーが企画した、次世代街コンや麻雀大会、ボードゲーム祭などが行われた。

このように個人の名前で行われる祭典はあまり例を見ない中で、全ての会場でほぼ満席、合計1400人以上の人々に楽しんでもらい見事イベントを成功させることができたのは、HIUメンバーの熱意と熱狂によるものだ。

イベントを成功させたメンバーたちは、先の多機能ソフトスーツケース「Carryco with me」の例と同じように、「すぐやる」ことを決めて、具体的な行動に移すことの大切さを実感できたと思う。

例えば「次世代街コン」企画も、僕が「街コンやりたいねぇ。恋愛系グループどうです?」とFacebookでコメントすると、すぐに恋愛系グループのリーダーが手を挙げ、企画から会場、会費、集客方法まで、わずか数時間ほどで基本的なことを決めてしまった。

このホリエモン祭、来年は今回の10倍の1万人規模を目指す予定だ。よりHIU会員が一丸となり、今回の反省すべき点は次に生かし、さらに大規模化したホリエモン祭を皆に味わってもらうべく進化したいと思っている。

行動力がありすぎて、ノリで1000万円をポチッった男

僕が言い続けている「行動力」の大切さを、身をもって示してくれた男がいる。

HIUには法人会員といって、僕が企業や団体などの法人にコンサルをする形態の会員制度もあるのだが、その法人会員の一人が、「ノリで1000万円をポチッた男」芹澤豊宏氏である。

彼は僕のロケット開発事業に賛同してくれ、そのロケット開発資金を集めるため、インターステラテクノロジズ株式会社が立ち上げた「みんなの力で宇宙にロケットを飛ばそう！」というクラウドファンディングで「1000万円でロケットの発射ボタンを押せる権利」を募ったところ、なんと「ノリ」でそのクラウドファンディングの「支援ボタン」をポチッと押してくれたのである。

このプロジェクトは、北海道大樹町で高度100km以上の宇宙空間に新しい日本国産の宇宙観測ロケットを打ち上げよう、というもので、もしこれが成功したら「国内では民間企業初の宇宙空間へのロケット打ち上げ」という快挙

を成し遂げることになる。

僕も正直最初は、「たった1000万円ですよ!」「破格ですよ!」「男気がある人待ってます!」とネタっぽく募集したのだが(笑)、芹澤氏のその「ノリ」の良さは流石だなと思った。

もちろん「ノリ」といっても、1000万円というお金は彼のポケットマネーから出ているのではなく、彼の経営する株式会社ニーズ・コーポレーションから出されている。

彼も当然そこら辺はしっかり計算していて、1000万円を出せば、僕があらゆるところで話題にするのもわかっているし、成功すれば「ホリエモンのロケット開発事業が成功!」とニュースになり、「そのロケットの発射ボタンを押した社長は、その権利を1000万円で買った!」と自身や会社の知名度が一気に上がることも計算のうちだ。会社として宣伝費的な意味合いで考えているのである。

いずれにしても、この「ノリの良さ」こそが僕の求めるもので、その行動力は全てのビジネスに通じる。現に芹澤氏は自身の不動産ビジネスやシンガポールをはじめとした海外飲食業展開などでも成功しているし、まさに、「ノリの良い人こそが成功する」ということを身をもって証明してくれた人物ではないだろうか。

学校と会社の「中間」の場

大学は、ある私立文系学部だと授業料が年間約１００万円。４年で４００万円以上を「払って」授業を受けに行く。そして、実際に真面目に授業を受けている学生は少ないし、ただ学歴欲しさに奨学金という借金をする生徒までいる。

そして、４００万円をつぎ込み、大して勉強も実践もせず学歴だけを得て就職し、就職先ではいきなり数十万というお金を「もらって」、最初は勉強をしながら仕事をする。

この、学校教育と職場環境のお金を介した仕組みのギャップが、あまりにも大きすぎるのではないかと僕は思う。

同じように環境を与えられ、学ぶ機会が与えられていているはずなのに、そこで「10万円弱払う」のと「数十万円もらう」の差が生じる。

だからこそ、人は働くということにこんなにも不自由を覚え、お金を我慢の対価ととらえるようになるのではないか。

だからこそ僕は「月額1万円を払い、遊んでもいい、仕事をしてもいい」という場をつくった。こういう場なら、人は積極的に動く。

どれだけ遊びや仕事のプロジェクトを考えて実行しても、誰も文句を言わないどころか、僕や特任教授がアドバイスをする。

それに、「大切な1万円を払っている」「身銭を切っている」と思えば、力も入るだろう。会社員と違って「20万円もらっているから、その分は仕事をしなければ」と義務感にかられる必要もない。

僕は皆に、自由なときに自由なだけ遊んでいるように働き、働いているように遊び、1万円以上の価値を持って帰ってもらいたい。いつでも始められる、いつでもやめられる。だからこそ、「本気」しか集まらない。HIUとは、そんな場所なのだ。

月額1万円の壁

先に述べたとおり、ＨＩＵの会員費は「月額1万円」だ。読者の方でも「ちょっと高いな」と感じる方が大半ではないだろうか。

実はこの金額には大きな意味がある。

まず、この「1万円の壁」を超えてくるかどうかで、「行動力がある人材」をスクリーニングしているのだ。

1万円というのは決して簡単に稼げるものではない。けれど、「とりあえず、よくわからないけれど、何かあるかもしれない可能性にかけて1万円払ってみるノリ」「行動力」が、その1万円の中には隠されているのである。

今でこそＨＩＵの内容は、このように書籍になったりホリエモンドットコムに掲載されたりして、世間にも知られ始めている。しかし最初はとにかく「得体の知れない場所」であっただろう。「怪しい」「何をしているかわからない」

「ホリエモンがまた変なことをやり始めた」……。

その得体の知れないものに「とりあえず1万円払った人」の行動力というのは素晴らしい。

だからこそ、極端に言えば、僕はＨＩＵの1期生こそ本当の行動力を持った人だと思っている。もちろん、2期生、3期生……、最も新しい31期生も行動力がある人だ。けれど、1期生のそれと比べれば、そこには差はあるだろう。

だから、今後入会するメンバーに関しては、月額会費を上げるというのもアリだと思っている。逆に、すでに入会した人は、ずっと月額1万円のままだ。そうやって「早く行動した人」によりメリットを与えることで、「スピーディーな行動の大切さ」を伝えたい。また、メンバーも１０００人を超え、全てのメンバーにきちんと対応するにはそれなりの資金も必要だ。スピーディーに行動した人が得をする、ＨＩＵをそんな場所にしたい。

協調性なんていらない

「月額1万円」は、子供にとっては高いだろう。携帯、課金ゲーム、ファッション、流行のお店など、1万円あれば好きなことに使える。まあ、子供のうちは、それで何か熱中できる時間がつくれるのなら安いものだが。

実はHIUには、10歳の会員もいる。年齢制限を設けていない。親の同伴も問題ない。「何か行動を起こしたい」と思っているなら何歳だってOKだ。最近は、HIUこそ教育の場に活用できると思っている。

よく教育で聞かれる言葉に「協調性が大事」というものがある。これを言うと本当に不思議がられるが、「協調性」というのは、周りと同じことをするということ。周りとまったく同じことをしていたら、それはだめでしょう。周りと違うことを常に考えないと。こんなシンプルなこと、なぜわからないのか。

だから僕は、学校なんていかなくていいと思っている。

と極端なことを言うと（僕は全然、極端だと思ってないが）、またナンセンスな反論として「でも強制的に意見や考え方の違う人と触れ合う場も必要だ」

という意見が挙がる。それはわかる。でもそれが「学校」である必要はない。サークルなのかボーイスカウトなのか地域のコミュニティなのか、親や子供が自由に選べることができればそれでいいはずだ（むしろ学校以外の場のほうが、年齢や属性など関係なく、幅広い人たちと触れ合うことができると思うが）。それこそ、HIUだってその役割は十分果たせるだろう。

これから、自分の好きなことだけして生きていくためには、協調性はいらない。明治5年から変わっていない教育制度とは決別すべきだ。運動会でもなんでも、全員で整列して行進するのになんの意味があるのか。あれって結局、「人と同じことをしなさい」ということだ。

それがいい時代、状況もあることは理解できる。例えば、発展途上国が伸びていく時期だったり、戦後の復興の時期だったり。

でも現代は、個人がそれぞれ自分の頭で考えて生き抜いていかなければならない時代だ。今は、人と同じことをやっていたら損するだけだ。

満員電車がいい例だ。皆と同じことをすると、苦しい。帰省ラッシュだって、皆と同じタイミングで移動するから、あんなに大変な思いをする。この時間に出勤しましょう。この時期に休みましょう。こんな旧態依然としたシステムなんてあるから、皆苦しんでいる。

そういう意味で、ＨＩＵには意味のない協調性に縛られることはない。皆と同じことをしなければならないという概念はなく、ゴールに向かって最短距離で協力していくという目的しか存在しない。

冒頭の月額1万円は子供にとっては高いという話に戻る。

もし若くて未来ある君たちが、今退屈な毎日を送っているなら、こう伝えたい。まず1万円を用意してみようと。

親にとにかくお願いして借りてもいいじゃないか、自分でなんとか誰かの手伝いをしてお小遣い稼ぎをしてもいいじゃないか。アルバイトができる人はもちろんやればいい。子供がお金を稼ぐことは、まったく悪いことじゃない。むしろ良いことだ。それは、「信用されていることの証」だから。

それで勝ち得た1万円で、ＨＩＵの門を叩いてみればいい。もしくは、何か少しでもやりたいこと、興味があることがあるなら挑戦してみればいい。1万円あれば、とっかかりとしては、なんだってできるだろう。

現行の強調性にがんじがらめにされた教育現場から距離を置くことで、君は変われる。

人生は自由だということを、やろうと思えばなんでもできるということを、君はどこへでも行けるということを、僕は知っている。

第2章

はじめの一歩はノーリスク・ハイリターン

「僕、会社やめます」

ＨＩＵのメンバーの中には、勤め先の会社をやめてしまう人がいる。それも、一人や二人といったレベルではない。

「堀江さん、勤め先の会社が面白くないんで、もうやめます」

僕はすでに10人以上から、そんな報告を受けた。

断っておくが、彼らは会社側からリストラに遭ったわけでは決してない。ＨＩＵで自分が携わるプロジェクトが軌道に乗り、稼ぎが本業をはるかに上回るようになった結果、会社に辞表を叩きつけた……。そんなケースが、実際に増えているのである。なんとも痛快な話じゃないか。

もちろん、辞表を出そうとしても、現職の上役から慰留されることだってあるだろう。そうなれば「年棒の値上げを交渉する」という選択肢も新たに生まれてくる。それはそれで経験として面白い。

「会社やめます」と言えるメンバーには、いくつかの共通点がある。

まず「どこかの会社に就職しなければ……」という古めかしい強迫観念から

解放され、思考が非常に軽やかなのだ。

そして「仕事なんて、意外と簡単に創りだせる」「行動して失敗しても、いくらでもリカバリーできる」ととらえている。これくらい柔軟かつアグレッシブな考え方ができる人たちこそ、日本社会をより風通し良く、一層楽しく変革していくことができるはずだ。

宮古島合宿から生まれた「月桃リップクリーム」

ＨＩＵでは、日本各地で合宿などのイベントも積極的に行い、メンバーとより濃密な時間をシェアしている。そこでは机上の議論が交わされているだけではない。メンバーがオリジナルのアイデアをプレゼンし、それを他のメンバーも巻き込んで実際に商品化していく。そして実際に販売する。そんなビジネスが生まれ育つ場ともなっている。

ここでは例として、沖縄・宮古島で開かれた夏合宿で誕生した「月桃リップクリーム」（gettou LipBalm）のエピソードを紹介したい。

「月桃」とは、沖縄県から九州南部に分布する、甘い香りの植物のこと。アロマオイルや香料の原料として有名だ。「その成分を、リップクリームに配合したら素敵な商品になるのでは？」と思いついたのが、アロマセラピストの木澤紀子さんだ。

彼女はそれまで「人前で堂々と話せる自分になりたい。どうすれば自分に自信を持てるようになるのかと必死にもがいていた」と明かしてくれた。その頃に僕の著作と出会い、「小さな一歩を勇気を持って踏みだしてみよう」と思ってくれ、ＨＩＵに入会。「自分自身でも何か行動したい！」とＨＩＵ内に「アロマレッスン部」を立ち上げ、アロマセラピーの魅力を伝える活動を行うようになった。

そして２０１６年、彼女は宮古島で開かれたＨＩＵの合宿イベントに参加する。そこでは「宮古島に役に立つアイデアやビジネスプラン」をテーマとしたプレゼン大会がプログラムされていた。

「人前で話すことが苦手な自分を克服する絶好の機会だ」

木澤さんは、プレゼン参加を決意。資料作成、プレゼン構成の検討は、他のサロンメンバーにサポートしてもらいながら、プレゼンに臨んだ。彼女はそのときのことを、こう回想している。

「月桃アロマを使った手づくりリップクリームなどを持参し、堀江さんをはじめ多くの方にその製作過程をプレゼンしたところ……。なんと堀江さんがその場で、スティックタイプの月桃リップクリーム製品があまり存在しないことを調べてくださったんです。そして『月桃リップクリーム、商品化するといいよ』という言葉をいただきました。また合宿のゲストとしていらしていた、かりゆし58の前川真悟さんからは『月桃は沖縄の香り、沖縄を思いだす香り。いいですね』というコメントをいただき、私の背中を押してくれました」

そして合宿終了後、有志らによるプロジェクトチーム「チーム gettou」がすぐに立ち上がった。さまざまなメンバーがいる中、資金を提供してくれる経営者、百戦錬磨のデザイナーの存在、そして何より彼らのノリと行動力によって、体験したことのないスピードでプロジェクトが進んだ。

商品の試作品を1カ月で仕上げるという目標に向かって、メンバー全員が全力投球し、試作品ができ上がる。そして再度のプレゼンや改善を経て、製品は無事に完成。現在はネット通販され、男女とも幅広い年代に「沖縄を思いだす香りのリップクリーム」として好評を博している。

「HIUが生んだ商品」ということでメディアからの問い合わせも多い。木澤さんはそれらの取材に誠実に対応し、ソーシャルメディア上でのPR活動も精力的にこなしている。彼女は合宿に参加して、人生を大きく変えた。彼女に協力を惜しまなかった他のメンバーたちも、とてもカッコ良かった。

こんな例を挙げ始めると、枚挙に暇がない。

社会の役に立つために、「志ある人が成功体験を味わえる場」をもっと提供して、サポートしていきたい。最近の僕は、素直にそう願っている。

副業自体が「小利口」で「ダサい」

近年、大手企業を中心に社員の「副業」を認めるところが増えている。経済産業省の調査によると、副業を容認している企業は3・8%で、これからも増えていく見通しだ。

メディアはこんな「副業解禁」の機運に便乗して、そのメリット、デメリットについて議論したり、さまざまなシミュレーションを展開したりしている。

確かに「副業解禁」の恩恵を受け「救われた！」「報われた！」と喜んでいる人も少なくないのかもしれない。

そんな事実はさておき、本書では個人的な意見を忌憚なく言わせてもらう。

「副業って、ダサい」

申し訳ないが、このひと言に尽きる。

なぜ「副業＝ダサい」のか。誤解なきよう、ロジカルに説明しよう。

そもそも「副業」というからには、その対立概念に「本業」というものが存在するはずだ。「二足のわらじ」を目指すほとんどの人は、「本業」を食いっぱぐれのない「ライフワーク」として位置づけ、「副業」を本当にやりたい「ライフワーク」ととらえているだろう。

僕のような人間からすると、「本当にやりたいライフワークである〝副業〟と、その周辺に派生する仕事で、人生を勝負すればいいじゃないか」としか思えてならない。けれども多くの人は「保険に加入しておかなければ」という感覚で、本業にしがみつこうとする。彼らのエクスキューズ（言い訳）はこうだ。

「副業だけでは、失敗したときに困るから」

「家族を養わなきゃいけないし世間体も大事。だから、本業の企業、組織に籍を置いておくことには大きな意味があるんだ」


これらの言い訳から放たれる、強烈な「リスクヘッジ」の匂い。言い換えれば「小利口」な感じ。僕はここに一種の欺瞞《ぎまん》というか、巧妙な逃げを感じるのだ。さらに踏み込んで言えば、こんな手合いが手掛ける副業とやらのクオリティなんて、まったく信用できない。「そこには、ピュアな情熱や社会的な使命感なんて存在しないだろう」と思えてならない。

僕は、自らリスクをとる生き方が好きだ。

「リスクをとる」というのは決して「ギャンブル的に生きる」という意味ではない。「自分の土俵の上では、きちんと責任をとる」という姿勢を指す。

具体的に言うと「リスクをとる」というのは、この場合、「安定した本業をあてにしない」ということだ。

「安定した本業」を捨て退路を断てば、副業に注ぐ時間や情熱は、それだけ増えることになる。つまらない本業について「しんどい」だの「面白くない」だの酒場でクダを巻くエネルギーだって節約できる。つまり「好きなことだけをして」いるほうが、ストレスは限りなくゼロになり、目覚ましい結果を弾きだせる確率は高くなる。いったいなぜ、「安定」のために「我慢しながらする仕事」を続けなければいけないのか理解できない。

そもそも「好きなことは副業で……」などとケツの穴の小さい思考しかできない人間が、成功できるわけがない。

「リスクをとろう」とするチャレンジングな人間が多い社会は、間違いなく成熟した社会だ。しかし日本は、まだそうじゃない。「だからこそチャンス」という逆転の発想ができれば、その人は成功に一歩近づいたことになる。

「思考は現実化する」は正しい

あなたはもしかして、「できない」「無理」「不可能」といった言葉を日常的に口に出してはいないだろうか。もしくは頭の中に、ちらりとでも思い浮かべてはいないだろうか。

これらのネガティブワードは、自分への「言い訳」でしかない。堀江流に言えば、ネガティブワードが頭をかすめただけで、その勝負は「負け」。なぜなら、「思考は現実化する」からだ。

「顕在意識」（自分で常に認識している意識）で思い込んだ方向にしか、物事はすすまないもの。「負ける」と顕在意識でとらえてしまったら、「潜在意識」（自分で認識していない意識）にまでその指令は影響してしまう。すると、本来少し頑張ればうまくいくはずのことまで、ストッパーがかかってしまい、まったく結果を出せなくなってしまう。これが、思い込みが持つ、恐ろしい罠だ。反対に「思い込み」を手なずければ、自分の心のリミッター（制限をかけるもの）を容易に外すことが可能になり、想定外の好結果を叩きだすこともできる。つまり「思い込み」は活用の仕方次第で、能力以上の結果を残せるというわけだ。どうせなら後者のように、良い方向で「思い込み」を利用していこうではないか。

過去の著作でバンジージャンプのエピソードを紹介したことがある（『本音で生きる』）。

あなたもテレビで、バンジージャンプに臨む人たちが動揺したり、泣いたりわめいたりしているのを見たことがあるだろう。

「できない！」「怖い！」と泣き崩れる、もはやお決まりのあの光景だ。

語弊を恐れず言えば、バンジージャンプなんて本来は「誰でもできる」。理由はいたってシンプルで「ただ飛び降りるだけだから」だ。特殊な技能や、入念な準備、複雑な手続きなどがいるわけじゃない。

フィジカル的に言えば、「体勢を整えて、両足を揃えて、飛び降りるだけ」。意地の悪い言い方をすれば、体勢が乱れて両足がバラバラの状態であっても、落下さえできれば、イコール「バンジージャンプができた」ことになる。

それだけのことなのに、「できない！」「怖い！」などという感情にとらわれ、流されるままになっているから話がややこしくなる。バンジージャンプをする前にためらう時間なんて、タイムロスでしかない。

こんなことを書くと「ホリエモンはやっぱり冷たい奴だ」「だったら自分がバンジージャンプを毎日やってみろ」などと的外れの批判の大合唱が起こりかねない。僕の真意を嚙み砕いて話しておこう。

バンジージャンプの話は一つの比喩である。僕たちの人生や生活には、「できない！」「怖い！」と思い込んでいる存在がいくつもあるはずだ。それらはもしかすると、あなた自身がネガティブな方向にとらえているだけ、という可能性が限りなく高い。だから「できる！」「怖くない！」と思い込みさえすれば、意外とスムースに「不可能が可能になる」ことも多いのではないか。「できない」なんて感情に振り回されているだけでは、僕たちは二足歩行以前の段階から進歩していないことになる。

「でも」が口癖の人は、仕事がなくなる

人工知能（ＡＩ）の研究が驚異的な速度で進んでいるという事実は、どんなに情報に疎い人でも「なんとなく」ご存じだろう。

この人工知能を否定的に見るか、肯定的に見るかで、その人の知性がバレる。僕はそうとらえている。人工知能は、いわば現代の踏み絵なのだ。

人工知能に対して、最もありがちな態度は「人間の仕事を奪われるから、雇用が減り、不幸になる人が増える」という悲観的な考え方だ。

言わせてもらえば、これは被害者意識丸だしの噴飯ものの思考でしかない。

このような悲観的思考をする人の特徴は、自分の価値を人工知能と同レベルに自ら下落させてしまっている点だ。「人間の仕事を奪われる」などと懸念する前に、なぜ人工知能を「使いこなす」という視点に立てないのか？

厳しい言い方をすれば、その人自身が、「人を使いこなす」という考え方をいまだかつてしたことがなく、常に「使われる側」として搾取されやすい状態にいるから……。そうとしか考えられない。

通常は「面倒なことや煩わしいこと、危険なことなど、ネガティブな事柄を一手に引き受けてくれて、ありがとう」。こう感謝したくなるのが、人としての自然な感情ではないだろうか。だって、考えてもみてほしい。今、社会に存在している多くの「危険な業務」「さしてやりがいのない苦役のような雑用」が、全て人工知能に取って代わったとしたら。人はそれぞれ、やりたいことを追求しながら経済を回し、科学技術や文化を高度に成熟させていけるはずだ。

そんな社会では、人は自由に遊び、遊ぶことが「仕事」になる。つまり僕たちは、人間特有の感情を大切にしながら、「好きなこと」「ワクワクすること」をもっと追求できるようになるというわけだ。

このような先進的な話をすると、「でも……」と否定する人が必ず出てくる。よくよく話してみると、否定したり反論したりする人ほど、「好きなこと」「ワクワクすること」を見つけられていなかったり、「遊べない人」だったりする。

また、人から命じられた単純な仕事に甘んじていることも多い。そんな人からこそ、仕事はなくなっていく。そう断言しておこう。

例えばＡＩが得意とする分野の一つに、言葉を扱うジャンルがある。

広告などのコピーを作成する「コピーライティング」、ショートショート（特に短い小説）、ミステリー小説などがその最たる例だろう。当然ながら、それらに携わるクリエイター職、コピーライターや作家といった職業は減っていく可能性が高い。

「そうはいってもコピーライターの仕事は大変だ。クリエイティブ職がクライアント（発注主）と何度も打ち合わせを重ね、営業職が飲みに行くなど信頼関係を築いて、要望を聞きだすというプロセスは、人間にしかこなせないコミュニケーションだろう」

こんな反論があるかもしれない。

だが、それは「人間の力」を過大評価しすぎているというものだ。

クライアントがいざ出稿しよう（広告を出そう）と思ったとき。未来では、電通、博報堂のような広告代理店を通さず、きっとＡＩに発注するようになる。

もちろん、広告のコピーについては、見る人の感性によって評価がわかれることが多い。そのため、プロジェクトチーム内の一番の決定権者の頭脳をコピーしたＡＩが、コピーをつくることになるだろう。そうすれば、人手はかからないし、早くすむ。クオリティだって人間の作品に引けを取らないはずだ。

何より、ＡＩお得意のビッグデータを分析してつくられたコピーだから、世間にウケる確率はより高くなる。

また翻訳に携わる仕事も、今後一層先細っていくに違いない。Google などによる「自動翻訳」の分野の発展が著しいからだ。

Google 翻訳アプリの新機能「リアルタイム カメラ翻訳」をご存じだろうか。スマホのカメラで写したテキストを瞬時に翻訳し、元の映像の上にリアルタイムで載せてくれるというサービスだが、これはまるでＳＦ映画のような機能だ。もちろん、まだまだ「とんでもない誤訳」で笑わせてくれたりもするが、精度が上がっていくのは時間の問題だ。「生身の通訳者や翻訳者を雇う」という概念は、どんどん薄れていくだろう。これから翻訳にまつわる業界で成功するには、よっぽど卓越した技術か付加価値がないと難しいはずだ。

願わくは、本書の読者であるあなたには、人工知能の「使い手」になってほしい。「人工知能を使って、どのような画期的なビジネスが展開できるのか」、建設的に考えられる人になってほしい。そう、人工知能を使いこなすことほどクリエイティブな営みはないはずだ。

働かないことは悪いことなのか

日本人特有の気質なのだろうか、昔から「勤勉」であること、コツコツ働くことはこの上ない美徳とされてきた。しかし、実際そうなのだろうか？

現代でも一部には働かなくても生きていくことができる「高等遊民」的な人は少なからず存在している。例えば「親の資産で食いつなぐことができる」というような人だ。そんな恵まれた境遇にある人たちまで、汗水たらしてわざわざ働く必要があるのだろうか？

ごく普通に考えて「働きたくない派」（働く必要がない人や、生活レベルは低いままでいいから働きたくない人）が、就労にこだわることはない。「本気で働きたい！」という人だけが高時給でバリバリと働き、そこで得た富を「働きたくない派」にベーシックインカムとして分配すればよい話だろう。

「ベーシックインカム」とは、政府が国民に一定額の現金を支給する制度のこと。就労や資産の有無にかかわらず全ての個人に対して、最低限必要なお金を無条件で給付する制度を指す。この制度は日本でもうまく導入するべきだと思う。

ベーシックインカムと労働信奉には、実は深い関係がある。

多くの企業では不況時に無理矢理仕事をつくって雇用を維持して、赤字になっている。つまり社員たちに給料を払うために社会全体で無駄な仕事をつくっているだけ。その中で、皆が労働信仰に支配されてイヤイヤ働いている。

だったら政府からお金をもらって好きなことをすればいい。そうすれば「絶対やらなきゃいけない」種類の仕事の給料は上がるし、もし仕事がなくなったとしてもベーシックインカムがあるから安心だ。

また、ベーシックインカムがあるからこそ、起業にもチャレンジしやすくなる。働いている人は、おしなべて勤労意欲が上がるはずだ。

そもそも「働かない＝悪」という日本の古い固定観念のおかげで、「働きたくない派」が、やりたくもない仕事を破格に安い時給で受けてしまうから、いつまでたっても労働者過剰で、人材の価値も時給も下落する一方。巨視的に見ると、経済的に余裕のある人については「働く＝悪」とも言えるのだ。

ひろゆき氏（西村博之　2ちゃんねる開設者。ニワンゴ取締役を経て、現在東京プラス代表取締役など）もこう指摘していた。

「『働きたくない派』が増えて、実際に働かなくなれば、その分働き手が減り、『高時給でも雇いたい』という経営者は増え、時給は自然と吊り上がる」と。

現に、今ではレジ打ちの店員のような職を敬遠する人が増え、昔は500円程度だった時給が、近年都心では1200円を超えている。つまり「働く能力があるから」といって、全員が働こうとすると、自分たちの首を絞めることになりかねない。

暴論のように受け取られかねないので、噛み砕いて解説しておく。

これから日本全体が良い方向に向かっていくためには、高給で働く能力のある人だけが高給取りとして働き、その能力がない人は国からお金をもらって生きていけばよい。そのほうが一人ひとりにのしかかるストレスも少なくなり、日本人が総体として幸せでハッピーに暮らせるはずだ。これは、世界的に見ても同じこと。

遊んでいるように働いたり、働いているように遊んだり。助け合って、好きなことだけをして生きていく。そんな人が世界中に増えれば、戦争だって起こりにくくなる。そんな時代が、前に見たような人工知能発展の未来とともに、到来するのかもしれない。

そうなれば、「好きなこと」にいかに没頭できるかが、人生の明暗をわけることになる。さらに突っ込んで言えば、「それがビジネスとして成立するのか」「マネタイズにつながるのか」という命題にとらわれすぎないほうが、かえって成功するかもしれない。だって、最低限の生活費はベーシックインカムで保障された世の中なのだから、ビジネスを始めても「赤字にさえならなければOK」という話になる。

もう一つ。平凡なコンサルタントが唱える「定説」とは、相反することを言っておく。これから「好きなこと」を見つける際には、「収支」などの打算を捨てて考えることが大事になってくる。なぜなら「それが仕事になるか」「ペイするか」なんて、未来になってみないとわからないからだ。「You Tube」や「Twitter」「Instagram」がそのいい例だろう。

例えば5〜10年前にこれらのサービス（これが仕事になること）を少しでも想像できた者が、地球上にいったい何人いただろう？

「未来が予測不可能」「将来は不確定要素に満ちている」なんて、嘆く必要はさらさらない。僕たちがなすべきこと。それは、社会の慣習や常識にとらわれて打算に走りすぎることではなく、自分の「好き」という感情に、ピュアに向き合うことなのだ。

この話に反論がある、というあなた。もしかして「好きになる対象」「純粋な気持ちで没頭する夢」に、まだ出会えていないだけではないだろうか。

自分が本当にやりたいことにリスクをかける

「あなたの生き方、本当にそれで大丈夫？」

そう心配してしまう質問もいただく。例えば次のようなものだ。

「ある空港の近くに約200坪の土地を持っています。そこで富裕層向けのホテル、もしくはアミューズメント施設を開業すればいいのではと考えています。堀江さんならどのようにして近郊の他施設との差別化を図りますか?」

僕なら、迷わず「すぐ売る」。だって「たまたまある土地の有効活用のために、ホテルやアミューズメント施設を開業したい」って、動機が不純すぎるだろう。そんな姿勢で、同業他社と同じ土俵で争えるわけがない。

この場合、話が逆なら全然OKだ。

「ホテルを開業したいから、土地が欲しい」

これが、「本気で戦いたい」と考えている人のまっとうな思考だろう。実際にホテルを運営している人に話を聞くと、ホテルは「立地」で勝負がついてしまう部分が大きいという。だから、土地の選定には並々ならぬパワーをかけるらしい。誰もが驚くような穴場的物件を探したあとは、ホテル内からの景観を良くするために植林をしたり。ベストな場所をつくりだすわけだ。

そんな本気な人たちに比べると「土地を持っているからホテルをつくろう」という発想が安易すぎる。「手持ちの土地を有効活用したい」という動機が、浅ましすぎるのだ。そんな人がホテルを開業しても、成功できるわけがない。

これと似た話はよくある。例えば、寿司屋のランチ営業みたいなものもそうだ。「本当に戦いたいところだけ（夜のコース料理）で勝負をしていればいいのに、色気を出して他の事業（ランチ）に手を伸ばさなくていい」と、大将に進言したくて仕方がない。

他に多いのは「士業」の皆さんだ。「弁護士の資格を持っているんですけど、弁護士の資格を生かしたおいしい仕事って、何かありませんか？」。こんな質問もよく受ける。そのたびに「あなたはやりたいことがあって弁護士になったのではないのですか？」と尋ねたくなる。

弁護士という資格も、前の質問の「土地」と同じ。実は誰でもお金を出せば、手に入る（雇える）。つまり「もの」（土地・資格）がありきで、アイデアや欲望がない人がとても多いのだ。

ズバリ言えば「手持ちのものをなんとか利用したい」、その考え方自体がケチでいただけない。しかもアイデアもないなんて！

「もの」なんて、お金があればいつでも買える。お金なんて、その気になればいつでもクラウドファンディングで募ることができる。僕たちは、飛び切りの「アイデア」さえ出せばいい。今はそういう時代なんだ。

もちろん、いいアイデアなんて突然降って湧いてくるわけじゃない。

ここでアイデアを生みだすトレーニング法も伝授しておこう。それは「よく遊ぶこと」に尽きる。発想力を鍛えて、自分の価値を上げていこうと思ったら。意図的に仕事を減らし、「オフ」を増やして遊んで暮らすべきなのだ。長い目で見ると、そのほうがペイすることが多い。

鶴巻温泉（神奈川県）にある「元湯 陣屋」さん（通称「陣屋旅館」）をご存じだろうか。陣屋さんは旅館なのに、平日2日間を定休日にしている。

「旅館って毎日稼働したほうが経営効率は良いのでは」と思う人がほとんどだ

ろう。でも定休日ができたことで、まず「従業員全員が同じ日に休める」というのは意外と評判が良いらしい。これまでは「シフト制で休日が定まらず予定を組みにくい」などの意見も多かったそうだ。それに平日なんて、休日ほど部屋は埋まらない。しかし最低限の従業員はいないと旅館の営業は回らないから、思い切って休んだほうが経営効率は上がるのだ。結果、陣屋は売り上げこそ下がったものの、利益の絶対額は以前よりも上がったという。

「すし処 ひさ田」の大将の話も面白い。彼は2~3年、大阪の寿司店で修業はしたものの、特に有名店というわけではなくその後のオリジナリティ溢れる創意工夫で今の地位を築いた人だ。

岡山まで全国から食通たちが集まってくる隠れた超名店だが、「金・土・日」の3日間しか営業していないのだ。

それ以外は気になるお店を食べ歩いたり、ゲストシェフとして寿司を握ったり、他の飲食店とコラボレーションをしたりと自由な活動をエンジョイされている。そんな生き方が、寿司店とは思えないアイデアや工夫につながっているのは間違いない。

串カツチェーン「串の坊」代表取締役社長、天然ふぐ専門店「浜藤」オーナーシェフの乾晴彦氏も実にユニークだ。

「浜藤」は、天然物のふぐが獲れる冬場の半年（10～3月）は毎日営業するものの、それ以外の半年は休業する。ただしシーズン中の乾氏は、全力を尽くして売り上げを上げる。11月の白トリュフの季節には白トリュフ尽くしの高級ふぐコースなどを提供し、半年で1年分の売り上げを上げてしまうのだ。

そして串カツチェーンのほうは、銀座で1年間のうち、1週間のみ特別なコース料理を自ら揚げるというパフォーマンスで、4カ月分の店舗売り上げを叩きだすらしい（人気のため、2016年は2週間に延長したそうだ）。

それ以外の時期は、勝手気ままに世界を放浪して美味しいものを追求している。そこで見つけた最高のオリーブオイルをふぐのコースに使ってみるなど、

〝遊び〟を仕事に生かしている。自由奔放、いい意味でやりたい放題なのだ。

思い切って「週休3日」にする。もしくは「年休1カ月」にする。

そんな自由な働き方が、あなたの発想をより柔軟に、豊かにしてくれるはず。

「自分が本当にやりたいことにリスクをかける」とは、そういう意味なのだ。

「今、ここ」に集中する

「人生、うまくいくと思い込んだもの勝ち」

僕はまだ学生の頃から、こう信じて行動してきた。これからもずっとこの信念はぶれないだろう。もちろん、多くの人にすすめたい成功の行動原則だ。

こう書くと、必ずこんな質問が飛んでくる。

「いったいどうすれば『必ずうまくいく』だなんて思い込めるんですか？」

バカを言っちゃいけない。「うまくいく」と固く思い込んでいる僕が、なんだかとっても「厚かましい人」のようなニュアンスに聞こえるではないか（笑）。

このように「必ずうまくいく」と思い込むことに、もともと罪悪感がある人が多い。「欲がなさすぎる」というか、よく言えば「謙虚すぎる」というか、僕には到底共感できないメンタリティだ。しかし、そこをクリアしないと、幸せな人生なんて一生手に入らない。

「必ずうまくいく」と思い込む、堀江流のマインドセット（思考様式）を明かしておこう。それは「今、ここ」に集中することだ。

「過去」でも「未来」でもなく「今、ここ」の瞬間の心と体に意識を向ける……。そんな「マインドフルネス」的な意味での「今、ここ」だ。

実際にやっていただくとわかるが「今、ここ」に意識を集中させると、否定的な想念は非常に起こりにくい。

なぜなら、過去の「嫌な出来事」や、未来に訪れるかもしれない「不安」「心配」など、ネガティブな要素が心の中に入り込みようがないからだ。そして凪のように静かな精神状態になると、「必ずうまくいく」と思い込むことはたやすくなる。

たとえ、そのときのあなたの状態が、客観的に見て「不幸そのもの」だったとしよう。そんな状態のときでさえ、「今、ここ」に集中すれば、あなたの心は自由だし、決して不幸せなんかじゃない。

極端な例だが、僕が逮捕されたり、服役を余儀なくされたりといった一連の騒動を思いだしてみてほしい。日本中の多くの人は、報道を見て「ホリエモン、もう終わりだな」などと好き勝手な感想を抱いたことだろう。でも、そんな渦中にあるときでさえ、僕は「今、ここ」に集中していた。だから、刑務所の中から有料メルマガを発行して多くの方にメッセージを発信したり、出所直後から著作を出し続けたり、「アウトプットする人生」をあきらめずにすんだのだ。

もちろん僕的には、その時期の生産性を「ペースダウンした」ととらえている。しかし臆せず言うと、それでも平均的なサラリーマンより膨大に稼ぎ、はるかに多くの人たちに思いを届けられた。そう自負している。

これを読んでくれているほとんどの人は、まさか獄中にはいないだろう。それなら、服役中の僕よりも、何十倍も何百倍も自由な「今、ここ」という状態にあるわけじゃないか。そんな恵まれた境遇にありながら「必ずうまくいく」と思えないほうが、どうかしている。

「大阪万博」へのチャレンジ

僕が今、チャレンジしていることを一つ紹介したい。

２０２５年、大阪府が誘致を目指す国際博覧会（万博）の特別顧問を務めることになったのだ。

「人類の健康・長寿への挑戦」「体験型万博」というテーマと、僕も参画している「予防医療普及協会」の活動実績や興味の方向性が合致すると評価いただいたのだろう。

万博で、世界中からやってくるお客さんに、何を、どのように見ていただくか、知恵を絞るのが僕の任務というわけだ。万博で発信すべきことは、日本の医療技術の素晴らしさについてだろう。実際、医療の世界では、もうＳＦ小説のような話が実現している可能性が非常に高い。

「検査」という分野一つとってみてもそうだ。このまま科学技術が進歩し続ければ、病院にわざわざ出向いて、血液検査や尿検査を行って、数日間も検査結果を待つ……なんてまどろっこしい手順を踏まなくても、体のさまざまなデータが日常的に、リアルタイムでとれる可能性がある。

例えば「ＩｏＴ」（モノのインターネット）やＡＩの力を借りれば、荒唐無稽に思えるようなことも実現する。センサーが埋まった腕時計や洋服を身につけて普通に過ごすだけで、データがとれたり（ウェアラブルセンサー）、便器などに排泄物をセンシングしてくれるデバイスが付いていて、リアルタイムで即画像診断をしてくれたり。それらがビッグデータとして集まって、「この人は○○病の発症リスクが高まっている！」と早期の段階で知らせてくれるかもしれない。

このような芸当はまさにＡＩのお家芸で、面目躍如が期待されるところ。「これは病気」「これは病気ではない」という診断基準を最初にタグづけして教え込んでおくと、瞬時に正確に診断することができる。

つまり生身の医者では100年かかっても診断できないくらいのデータをインプットし〝勉強〟させる。すると〝スーパードクター〟のAIができ上がる。

こんなことを話すと、「職がなくなる」と危惧する医療従事者も出てくるかもしれない。でも残念ながらこれらは事実。実際、僕は矢野和男さんという日立製作所の国際的なスーパーエンジニアに、こんな話をたくさん教えてもらったことがある。

矢野さんによると、「心」のような分野まで、数値化できるらしい。例えば「この人は幸せか、そうでないか」という抽象的なことまで……！

他には「創薬」（新しい薬を創るという分野）に関しても今研究が急速な勢いで進んでいるし、人の免疫のシステムを人工的につくろうという試みも進行している。このような心躍る取り組みは本当にたくさんある。

とにかく、こんなエキサイティングな医療の進化を、2025年に万博でプレゼンテーションしたいのだ。厳密に言うと、2025年の時点で「そこから

20～30年先の未来」を展望できるような企画にしたい。さらに、「見て終わり」ではなく体験型の展示にして、さらにはゲーミフィケーション（ゲームデザインの技術やメカニズムを利用すること）の力を借りて、「見終わったあとは、すごく健康になっている」というような仕掛けだって盛り込みたい。つまり、僕の仕事のハードルはますます高くなるわけだ。

実際、医療技術の進歩が人間のエイジング（老化）の速度を遅らせて「死」を遠ざける。そんな未来を夢見て、研究に励んでいる科学者たちは多い。万博に足を運んでくれるお客さんたちと、そんな夢や事実を共有することができればどんなに素晴らしいことだろうか。その実現のためなら、僕はどんな努力も厭わない。

大阪のラスベガス化を考える

「医療とか、テクノロジーやサイエンスとか、お堅いことには関心がない」

そんな人だって、大阪万博という世紀のお祭りの空気を楽しんでほしい。だから僕は、大阪のラスベガス化についても考えている。

こんなアカデミックなテーマを扱うイベントの場合、その周辺にはエンターテインメント的な受け皿も用意されていることが絶対に必要だ。真面目な話ばかりじゃ、人はなかなか集まらないし、盛り上がらないからだ。

現に大阪府は人工島「夢洲《ゆめしま》」（大阪市此花区）に万博招致のみならず、統合型リゾートの誘致を計画している。確かにここにカジノを誘致すれば、ラスベガスのように盛り上がることだろう。ラスベガスに世界中からお客さんがひっきりなしに訪れるのは、それ単体の魅力に加えて、「国際展示会が常にラスベガス・コンベンション・センターで行われているから」という好条件も影響している。

僕がアミューズメント企画を手掛けるなら「世界的な人気アーティストを年契約で誘致して、毎日ステージに出てもらう」とか、「リアル脱出ゲーム」などだろうか。

「リアル脱出ゲーム」とは、SCRAPが商標登録を取得している体感型イベントサービス。会場に集まった参加者たちが協力し、さまざまなヒントを元に謎を解いてその場所から脱出するというものだが、実は日本発祥の優れたエンターテインメントの一つだ。

つまり、どうしても高尚で堅くなりがちな万博には「遊園地ビジネス」的なエンターテインメントも求められるということ。

今までの僕のキャリアを生かして、硬軟どちらの側面にも対応して、大阪万博を盛り上げていきたいと心から願っている。もちろん、「好きなことだけで生きていきたい」という人にとって、この数年後のイベントは大きなチャンスにもなりうるはずだ。

成功体験に勝るものはない

「天職の見つけ方」を、若い人によく尋ねられる。しかし「天職なんて言う前に、あなたはいったい何をやりたいんだ?」と聞いても、具体的な返事が返ってきたためしがない。「広く社会のお役に立ちたい」とか「世界中の人を幸せにしたい」とか抽象論ばかり。「あなたに何ができるのか」と問うても、的外れな答えばかり。「じゃあ、あなたの好きなものを教えて」と質問すると、「わからない」「思い浮かばない」と困り顔をされることすらある。とにかく「自分探し」の段階から抜けられない若者が多いのだ。

こんな若者への処方箋はただ一つ。

好きなものを見つけるために、少しでも興味のあることを手当たり次第にやっていくことしかない。失礼に聞こえるかもしれないが、「下手な鉄砲も数撃ちゃ当たる」という格言には、一面の真理があるのだ。

そして、人生の早い段階でできるだけ早くに何かに打ち込んで、小さなことでいいから結果を出して、「成功体験」を積むこと。

例えば、バイト先の店長に「いつも元気いいね」と声をかけられたり、職場の上司に「コピーを取るのが早い」と褒められたり。自分のSNSを地道に更新して、フォロワーや「いいね」が増えていくことでもいい。「やった！」という達成感、充実感を味わうこと自体が、その人の武器となる。うんとハードルの低いレベルからでいい、早くに「頑張ること」をスタートしてほしい。

もちろん理想を言えば、幼少時や学生時代にすでに成功体験を積んでいることが望ましい。でも、そうでないなら、その分意識を高くして、自分で成功体験を積めるよう、積極的に仕掛けていくしかない。そうすればいずれは大きなことにも挑戦できるようになり、自動的に「好きなこと」「やりたいこと」も出てくるはずだ。

つまり「天職の見つけ方」がわからないという人は、自信を喪失していて見つけられないだけ。小さな自信からコツコツと積み上げて、大きな自信を持てるようになれば、天職のビジョンなんてすぐに見えてくる。

こんな「経験」をしてほしい

人間には二種類いる。「自信をコツコツ積み上げる」経験をした人と、そうではない人だ。どんなに生まれつきの能力が高い人だって「自信をコツコツ積み上げる」ことを怠ったら、その時点から伸びなくなってしまう。

例えば若い女性の場合。手っ取り早くお金を稼ごうとすれば、いつでも水商売の世界へ参入することができる。失礼を承知でたとえ話をしよう。

仕事で行き詰まって、「何して暮らそうか？」と迷った場合。「疲れたし、しばらくキャバクラで働くか」、そう思う女性はいるだろう。ルックスに自信があれば、なおさらだ。

「そのほうがいい暮らしできるし、おまけに楽だし、まだ若いから超モテるし……。ぶっちゃけ、なんでそれが悪いの？」

そう考える女性がいたっておかしくない。もちろん、僕は夜の世界を一概に悪いと決めつけたいわけじゃない。むしろ応援したい派だ。

キャバクラ勤めを最大限に利用して理想的な玉の輿に乗ったり、資金を貯め人脈を生かし、起業して大成功したり。はたまた芸能界デビューなど「成功」を収める女性が出てくれれば、それはとても素晴らしいことだ。

きっとキャバ嬢出身の成功者は、夜の世界で「自信をコツコツ積み上げる」ことを続けたのだろう。だから自分にとっての〝天職〟に巡り合えたのだ。

でも、そんな夢も野望もビジョンもなく、ダラダラと過ごしているだけとしたら。キャバ嬢としての自信を積み上げることさえ怠っていたとしたら。その女性は成功者どころか、一流のキャバ嬢にも、二流のキャバ嬢にもなれないだろう。

つまり、夜の世界だろうと、どんな業界だろうと「自信をコツコツ積み上げる」ことを絶対に忘れてはいけない。そして「この業界じゃない」と気づけば「畑」なんて何回でも変えていい。

その人に自信さえあれば、誰に対しても卑屈にならず、エネルギーを最大限仕事に注ぐことができ、結果がどんどん出せるようになる。反対に自信がないと、何歳になっても天職には巡り合えない。「自信」と「天職」には、そんな不思議な相関関係がある。

言い添えておくが、「正社員」という身分にこだわる必要なんてさらさらない。その理由は「いつクビにされるかわからないから」。実際僕の周りには超優秀なのに、「過去になぜかクビにされた」という経験を持つ起業家がゴロゴロといる。

彼らが口を揃えて教えてくれるのは「クビ宣告は、ある日突然やってくる」ということ。そして、「クビにされたショックは意外と長引く」ということ。無意味に自分を責めた結果うつ病を発症し、長年苦しめられる人だっている。

それほど理不尽な仕打ちを受けても「イヤ」とは言えない「正社員」という肩書きに、執着するほど無意味なことはない。あなたが「自信をコツコツ積み上げる」ことができる業界、そして働き方を選ぶべきだ。

なぜ大企業を信用しているのか!?

この21世紀に、まだ大企業を信奉している人はいないだろうか。これから老後を楽しむシニア世代ならいざ知らず、未来を担う学生さんたち、特に就活生はよく考えてみてほしい。

伝えたい結論は大きく二つ。

大企業で働くことだけが、幸せな人生だとは限らない。

そして、大企業だからといって永遠に存続する保証はない。

「大企業で働くことだけが、幸せな人生だとは限らない」のは、労働形態一つをとってみても明らかだ。長い通勤時間と通勤ラッシュ、長時間労働。

組織内の風通しだって問題だ。気が遠くなりそうなほど煩雑な指示系統、無意味な部署間争い、自分の意志など反映されない人事配置。

ひいては労働生産性よりも重んじられる、職場の人間関係……。

書きだすだけで気が滅入ってくる。このような「大企業病」は、昔から指摘され尽くしてきた定説であり、目新しい話は特にない。だからここでは「大企業だからといって永遠に存続する保証はない」という点について話しておこう。

資本力に恵まれた既存の大企業が、なぜ永遠の存続を見込めないのか。端的に言うとＩＣＴ（情報通信技術）の目覚ましい発達により、あらゆる産業が生まれ変わる必要があるからだ。

高度な情報化社会への変化に対応できない大企業は確実に衰退する。

例えばテレビ局の未来について、私はさまざまな媒体で発言してきた。頭を鍛えるトレーニングになるので、あなたもシミュレーションをしてほしい。

テレビ局の生き残りについては、「視聴者をいかに直接巻き込んで収入源にするか」に命運がかかっている。

例えばある番組の会員になれば、公開収録を優先的に観覧できる、番組のコンテンツづくりに参加できる、ドラマなら制作の裏側が見られる、といった特典が得られるようにするのだ。

言い換えれば、それくらいのメリットを提供できないようなら「視聴者」はどんどん離れていく。そうすれば視聴率は低迷、広告スポンサーはどんどん離れて、どれほど「大企業」であってもやがては倒産の憂き目に遭う。つまり「スポンサーから広告料をもらう」という現在のテレビ局のビジネスモデルは、すでに時代遅れ、時代錯誤とさえ言えるのだ。

もちろん地上波のテレビ番組の視聴料は「無料」だが、そこからいかにマネタイズするかということを真剣に考えるべきだ。これはほんの一例にすぎない。

「大企業」というだけで過大評価をしたり、入社試験で拒まれたからといって卑屈になったりする必要なんてない。

「大企業という既得権益のおこぼれにあずかりたい」

そんな打算がある人がほとんどだろう。まずはそこから抜けだしてほしい。

「おこぼれにあずかる」という思考ほど、さもしく、悲しいものはない。

激変する「車社会」

大企業でいえば、最近考えるのが今後の「車社会」についてだ。なぜかというと、これは正直驚いているのだが、僕が思っていたより早く「カーシェアリング」の市場が構築されてきていることと関係する。

現在、業界第1位がパーク24の運営している「タイムズカープラス」。黄色の看板が目立つ「タイムズ（Times）」の駐車場に、カーシェアリング用の車が置いてあるのを見たことがある人も多いかと思う。2017年2月の時点で、車両台数が1万7115台、ステーション数が8953件、会員数が76万7198人と着実に業績を伸ばしている。

確かにここまでインフラが整備されればめちゃくちゃ便利だ。実際、先日ゴルフに一緒に行った知り合いが利用していて、僕も「カーシェア」を体験した。スマホで予約して、会員ICカードをドアにピピッとすれば解錠、乗ることができる。

さてこうなると、自動車を所有する人は確実に少なくなっていくだろう。新たに買う人、買い替える人が減るのは間違いない。これなら車は必要ないと手放す人もいるだろう。少なくても都心部では、自動車を持つ人が少数派になる時代は、想像以上に早く訪れるはずだ。

それに加え「自動運転技術」の話もある。米電気自動車ベンチャーのテスラモーターズ、イーロン・マスクCEOは「来年（2017）末までにロサンゼルスからニューヨークまで、車のハンドルに指1本触れずに横断してみせる」と宣言した。これも、もう少し先になるのかと思っていたが、マスクが言っているのは、いわゆる「レベル5」と呼ばれる完全自動運転技術のことで、乗車したら目的地を入力し道順を選択すれば、走行中に人がハンドルを握る必要がないということだ。

近い将来、日本全国のタイムズの駐車場に完全自動運転の車が止まっていて、パッと予約して乗るだけで目的地へ。タクシーなんかより便利で快適という「車環境」がやってくる可能性が高い。

それに、この日本の社会で、リアルタイムで稼働している車の数は、おおよそ全体の10％弱と言われている。つまり単純に考えれば、自動車の台数は、今の10分の1でいいということになる。余裕を持っておくとしても5分の1もあれば十分だ。さらに言えば、4人乗りの車はこんなにいらない。一昔前から考えれば、日常的に3〜4人などで車に乗る機会は格段に減っているはずだ。だから僕は、これからは1〜2人乗りのパーソナルモビリティが流行ると思っている。

また、ＥＶ（電気自動車：Electric Vehicle）が主流になっていくことが想定されるので、一つにモーターが「インホイールモーター」（駆動輪のすぐ近くにそれぞれモーターを配置し、タイヤを直接駆動する方式）になる。これにより、ドライブシャフト、ディファレンシャル、ギアボックスなどに代表される従来の「基幹部品」がいらなくなる。そういうメカニカルな部分が大幅に変わる可能性を秘めている。自動運転車のＥＶに必要なテクノロジーと今の自動車に必要なテクノロジーは全然違うかもしれない。

と、ここまで冒頭の「カーシェアリング」の話から始まり、予見される車社会の未来を説明してきたが、自動車産業の構造自体が激変するかもしれないということがよくわかったと思う。

大企業の代表である自動車メーカーは、既存の自動車の需要が大幅に減ることに備えなければならないし、前述したようなテクノロジーの変化に対応しなければならない。それにまつわるサプライチェーンについても同様だ。

ちなみに、カーシェアリング関連では、「akippa（アキッパ）」という駐車場のマッチングサービスがある。個人や法人が所有する駐車場の遊休スペースと、一時的に駐車場を探しているユーザーをマッチングして、1日単位で駐車場をレンタルできるシステムだ。駐車場の所有者には、駐車料金の60％が入る仕組みだという。

こうしたアイデアは一例に過ぎないが、業界、産業が変革していく過渡期に、大企業にはできない、思いつかないサービスはどんどん出てくるだろう、そしてそれは、皆さんにも大きなチャンスがいくらでもあるということを意味している。

新しいテレビ局をつくりたい

ネット全盛のこの時代、「テレビ局は不利だ」と唱える人がいる。それは本質がわかっていないからだ。

前述したが、テレビ局は戦略さえ間違えなければ生き残れる。

例えばローカルなエリアでは「県内にテレビ局が二つしかない」ということがある。例えば宮崎なんて、ご当地グルメが豊富なエリアに「僕のテレビ局があればなぁ」なんてよく考える。

ここではテレビ局のアドバンテージ（優位性）について語ってみよう。

よくある識者の指摘は次のようなものだ。

「テレビ番組のネット同時配信が解禁されたら、地方テレビ局（地方局）の経営は成り立たなくなるのではないか。全国の視聴者が、ネット上で直接キー局の番組を視聴できるようになってしまうと、地方テレビ局の仕事も存在意義もなくなってしまう。もちろん、地方発のコンテンツが全国的にブレークするケースもあるだろうが、それで収益が大幅増になるとはとても思えない……」

これは杞憂だ。なぜなら、地方局には地方局にしかつくれない、魅力的なコンテンツがあるはずだから。それが面白くて数字（視聴率）が取れることがわかれば、時間はかかるかもしれないが、在京キー局でも放映されるだろう。

「そんなバカな」という人は、バラエティ深夜番組『水曜どうでしょう』を思いだしてほしい。北海道発のローカル番組ながら、口コミやインターネットなどでファンが拡大し、レギュラー放送は２００２年に終わったものの、２０１７年になっても再放送が放映されている。

さらにいうと、番組を再構成・再編集したＤＶＤや、映像の二次使用料などの放送外収入も売り上げも凄まじい。２００８年度は約20億円、[※①]２０１４年度は約24億円[※②]に達したというではないか。（※①「東洋経済オンライン」〈２００９年２月10日〉／※②「産経ＷＥＳＴ」〈２０１５年12月14日〉）

むしろ地方初のコンテンツは「おいしい」。なぜそんなに悲観的なものの見方ができるのか、僕にはわからない。

また、ひろゆき氏にはこんな面白い持論を聞かせてもらったことがある。

「ネット隆盛の時代になると、必ずその対立項としてテレビが持ちだされて『テレビは不利だ』ってまるで時代錯誤の権化みたいな扱われ方をする。けれど、テレビ局もネットを駆使したサービスは提供できる。ただ、能力も潜在的な需要もあるのに『やってないだけ』。そんな〝ただ怠慢なテレビ局〟に比べて、圧倒的に不利なのがインターネットテレビ局のようなコンテンツを発信する企業でしょう。彼らはどんなに素晴らしいコンテンツをつくっても放送法の免許がないから『コンテンツを電波に乗せてより多くの人に届ける（放送する）』ということは、逆立ちしてもできない。皆忘れているけど、テレビって認可事業だからね。いくら大金を積んでも、そうそう今から免許なんてとれやしない。つまりテレビ局は〝放送事業者〟である時点で、インターネットテレビ局に、最初から大きく水をあけているわけです。テレビ局って、ある意味〝スーパー既得権益〟なんですよ」

僕も、この見解に賛成だ。「テレビ局は不利だ」という人たちの本意は、「やればできるはずなのにまだやってない」という〝残念な部分〟を突きたいのかもしれない。

本質的なことを言うと、現代においてテレビ番組なんて、巷に溢れかえるアミューズメント（娯楽）の一つにすぎない。僕たちには「Pokémon GO」というゲームも「Abema（アベマ）TV」というインターネットテレビ局だってある。

でもどうあがいたって、テレビ番組も「Pokémon GO」も「AbemaTV」も、同時に楽しむことなんてできない。だから企業側は熾烈な「ユーザーたちの時間の奪い合い」を繰り広げているわけだ。この争いから抜けだすのは意外と簡単。「見たいときに見る」というわがままなニーズに応えればいい。

スマホでやりとりすることを考えてみればよくわかる。忙しいサラリーマンなんて「リアルタイムでの対応」を求められると、苦しいはず。例えば、意中の女性からスマホに着信があったとき。通話ボタンを押したくてたまらなくても、会議の最中であれば、電話に出ることはできない。

それに、ちゃんとした対応をしたい案件ほど「自分の心に余裕があるときにコミュニケーションをとりたい」という気分になるものだろう。これをかたい言葉で表現すると「非同期通信がいい」ということになる。

この概念は、コンテンツの視聴態度にも見事に当てはまる。もはや僕たちは「非同期視聴」をありがたがってしまう感がある。それはきっと、「いつ対応してもいい」というメールやLINE、メッセンジャーなどの影響だろう。

テレビ局も、ここを理解したサービスを提供してくれたら、「不利だ」なんて言われなくなるはず。例えばもう昔みたいに『8時だョ！　全員集合』の放送に合わせて、家族全員がお茶の間に集合する……なんて現象は起こり得ない。何より、僕たちはそんな不便な時代に戻るのはごめんだ。

古い話になるが、昭和時代のこんな都市伝説がある。

「『君の名は』の放送が始まると、女湯がガラガラになった」（1952年に『君の名は』というラジオドラマがヒットした）

もちろん、このウワサの真偽はわからない。けれども、放送時間に合わせて入浴時間までスケジューリングしなきゃいけないなんて、もはや「ありえない」。

僕がテレビ局を動かすことができたら、そんなところから改革していく。

「放映時間にテレビの前にいるよう強いるなんて、どれだけ殿様商売なんだ！」

あなたはそう感じないか？

個人の飲食店最強説

個人が企業に勝てる。そんな身近な例として外食産業界隈の話をしておこう。

そもそも、僕ほど飲食店を「味」と「ビジネス」という二方向からシビアにウォッチし続けている日本人は、なかなかいないだろう。

傍目に見ているだけでも、飲食店経営は興味深く面白い。特にためになるのは、チェーン店ではなく個人経営の、行列が絶えないレベルの飲食店の観察だ。

「好きなことだけで生きていきたい」という場合、吸収すべきことが山のようにあるはずだ。なぜなら、個人経営の飲食店の店主も「好きなことだけで生きていきたい」という欲求の塊だからだ。

「フランチャイズの店だって、安くて美味しい。店員はブラックな労働条件、低時給にもかかわらず頑張ってくれているではないか」

こんな反論も飛んできそうだ。だがよく考えてみてほしい。そんなブラックな職場で「より良い品、より良いサービスを提供しよう」「一流の店を目指そう」なんて高邁《こうまい》な理念を抱くことができるだろうか。

もしあなたが、深夜一人で全ての労働をこなす過酷な「ワンオペ」労働に、低時給で甘んじていたとしたら。

「今晩もソツなく業務をこなそう」「客がいなくなったら休もう」、さらには「どうしたらサボれるだろうか」「もう客なんて来なくなったらいいのに」……。

いくら「プロ意識が溢れるバイト」でも、こんなネガティブな感情にいつの間にかとらわれていくのではないだろうか。そんなところにわざわざお金を落として、いったい誰得なのだろうか？

つまり、フランチャイズの店は「味に大きな期待をする」というレベルにない。当然のことながら「何かを学びたい」とも思わない。

今はテクノロジーのおかげでグルメアプリが花盛り。特殊なコネなんてなくても、情報通じゃなくても、優れた個人経営のお店にすぐにたどりつけるようになった。老舗の「食べログ」しかり、手前味噌だが僕がプロデュースしている「TERIYAKI」しかり。

せっかく「頑張っているお店（人）」にアクセスしやすくなったのだから、どうせなら、彼らにお金を落として応援したい。そう願うのは、きっと僕だけではないはずだ。

そもそも日本人は、フランチャイズ経営で名の通ったチェーン店ではなく、個人経営の飲食店にもっと行くべきだ。そこには「労働条件ガー！」と労働基準法を振りかざすだけの労働者はいない。自分の名前、店の看板だけで世の中に打って出ようとする「勝負師」のような店長やシェフ、そして志あるスタッフたちに出会えるはずだ。彼らの背中から、学ぶべきことは無数にある。

例えばラーメン屋について考えてみよう。スープの仕込みだけに10時間もかけたり、わざわざ遠くの市場にまで、毎朝早くから買いだしに赴いたり。チェーン店に果たしてそんな真似ができるだろうか。そこまでしてこだわり抜いた味に勝てるだろうか。結果は言うまでもない。

「好きなことだけで生きていきたい」というあなたの純粋な気持ちが揺らいだり、それを見失いそうになったりしたら。

ぜひ、一流の呼び声高い個人経営の飲食店を訪れることをおすすめする。彼らは「好きなことだけして生きている」良いお手本だからだ。

誤解なきように言い添えておくと「一流」といってもミシュランの星の数にこだわれというわけではさらさらない。テクノロジーと五感をフル活用すれば、あなただけのとっておきの名店に出会えるはずだ。

本屋はメディア

2章の最後では、「イメージ戦略」のお手本について話しておきたい。

「好きなことだけで生きていく」ことを志し、何かをスタートさせるとき。社会への発信はいずれ欠かせなくなってくる。発信といっても「ありのまま」を正直に、包み隠さず伝えればよいというわけではない。当然ながらそこにも高度な戦略があるべきだ。

皮肉りたいわけではないが、実態はどうあれ、外部への発信さえ巧みであれば、イメージ良く世間に認知してもらえることもある。そんな実例から、情報発信のテクニックをぜひ吸収してほしい。

ここで紹介したいのは「本屋」のビジネスプランの話だ。そもそも本屋は「アート」「文化」といった高尚なイメージが強い。他の小売業と比べても、強烈なアドバンテージがある。そこに気づいて、大きく躍進したあっぱれな企業がある。カルチュア・コンビニエンス・クラブ株式会社が直営、およびフランチャイズ展開している書店「TSUTAYA」(ツタヤ)だ。

代官山、湘南、枚方(大阪府)など各地に「T-SITE」なるスポットが展開され、そこでは「本」を中心に上質なライフスタイルが提案されている。そのおかげだろう、若い世代にTSUTAYAについて印象を尋ねると「おしゃれ」「憧れ」「センスがいい」というようなポジティブイメージしか返ってこない。最近は図書館の事業も全国で展開しているので、より文化的なイメージが一人でに高まっている。

海外への店舗展開だって華々しい。

台湾には「TSUTAYA BOOKSTORE 信義店」が、2017年1月にオープン。店舗面積は約538平方メートル（100席）。もちろん本だけではなく、好感度な雑貨、文具の取り扱いも充実。またカフェ「WIRED TOKYO」や、話題の工場直結ファッションブランド「ファクトリエ（Factelier）」の海外初店舗も併設されているという豪華さだ。

これらは、同社社長・増田宗昭氏の卓越した知見と手腕によるものであり、お見事というしかない。

実際のところ同社は就活生にも人気で、新卒採用の枠も非常に増えたという。つまり、企業イメージが良いと優秀な人材も集まってくるというわけだ。この方法は、ぜひとも参考にしてほしい。

僕だって、〝奥渋谷〟(渋谷区神山町)で「SHIBUYA PUBLISHING & BOOKSELLERS」(SPBS)という本屋さんの経営に携わっている。ここは「書店」に、「出版」「物販」「ブランド運営」という機能も加わった「メディア」(媒体)と認識してもらっていい。目指しているのは、「人と物と情報と文化の交差点」のような会社だ。

このように、書店は「本」というモノを売るだけではなくメディア、さらには文化のハブ(中心・中枢)となる可能性を秘めている。

極端なことを言うと、「書店」という場がメディア的にうまく機能してくれて、高い宣伝効果をもたらしてくれたら、書籍販売からの収益なんて、非常に小さい話になる。

実際、街の小規模な本屋はアマゾンに押されてバタバタと倒産の憂き目に遭っている。本の品揃え、入荷の早さで巨大企業に勝てるわけはないのだから、それ以外で差別化をしない限り追い込まれてしまうのは当然とも言える。

街で書店を見かけたら。「自分だったらどんな〝場〟のつくり方をするだろうか」。そんなシミュレーションを通して、ビジネス感覚を磨いてほしい。

第3章

僕らには無駄なものが多すぎる

多くの社員を雇うことはリスク

ライブドア時代は一番多いときで、数千人ほどの社員を抱えていた僕だが、今では社員と言えるスタッフは数人しかいない。

多くの社員を雇うということは正直リスクでしかないと思っている。それにストレスも多い。今考えれば、ライブドア時代に多数の社員を抱えていた頃は、彼らの人生や家族のこと、昇給や評価のことなど、考えることが山積みでストレスが多かった。

そして、僕自身も給料を払っているからには彼らに対する要求も大きくなる。そしてその要求に見合うリターンがなければストレスになる。

ストレスを感じていたのは社員も同じだろう。「給料をもらっているからには頑張らなければならない」というストレス、「要求されていることに応えられていない」というストレス、「要求されていることに応えられているのに思うように評価してもらえない」というストレス、さまざまな両者のストレスがそこには渦巻いていたのだと思う。

それに、労働基準法などの法律にも縛られることになるから、雇用者も被雇用者も、自分が思うがままには働けない。働きたくても働くのを制限されることもあれば、働きたくなくても働くことを強要されることもある。

僕は、この現象そのものが「人生を楽しむ」という本質からかけ離れていると思う。

「人生を楽しむため、豊かにするために仕事がある」のに、「仕事＝我慢」「お金＝我慢の対価」になってしまうのは、おかしな話だ。

人生は楽しむためにある。そして、その人生の多くの時間を構成するのは「仕事」だ。ならば、仕事を遊びにすればいいじゃないか、遊んでいるのか仕事をしているのかわからない状態で皆が幸せにお金を稼げればいいじゃないか、その思考を少しでも皆に知ってほしい、そう思ったのが、ＨＩＵ発足のきっかけである。だから、ＨＩＵの会員たちは僕の社員ではない。社員は最少人数でいい。そして、楽しく働けるメンバーだけが、僕のプロジェクトに参加してくればいいのだ。

99%の学校はいらない

学校というのは無責任なものだ。同じ教室に、思考も能力も目的も異なる同世代の子供を集めて、金太郎飴のように同じ教育を施す。そして、皆と同じようになることこそが正しいかのような教育をする。学校というのは、僕には個を潰し、ひたすら「就職活動に有利な人材」「無個性な人材」を育成するだけの場所に見えて仕方ない。

僕は学生時代、学校の授業が好きではなかった。人と違うことを否定され、非効率なことを効率化することすら否定される場所だと思っていた。「もっとこうすればいいのに」というアイデアが、「慣習」の2文字で片づけられて採用されない。そんな「凡人」を育てる学校教育に飽き飽きしていた。

学校で与えられる知識には興味が持てず、かといって親も教育には無頓着だったから、僕の唯一の情報源は、家にあった「百科事典」だった。百科事典を暗記するほどすみからすみまで読み漁っていた。それが唯一の、外の世界へと通ずる道だと思っていた。

だがそれは、インターネットに出会うまでの話だ。インターネットとテクノロジーが発達した今、これまでの学校教育はより不要なものになった。

まず、暗記型の教育はなんの役にも立たない。昔は「読み書きそろばん」という言葉があったが、今は難しい計算は機械がしてくれるし、文章を書けなくてもできる仕事はたくさんある。「読み」についても、社会に出てみると、大きな仕事をこなしていても、案外漢字を読めない人は多い。だから文章も「読めたほうがいい」という程度のレベルで十分ということだ。言ってしまえば、会話さえすることができれば、今は大抵の仕事はこなせてしまう。

学校の先生も不要になりつつある。動画配信で授業を行うシステムも広まったことで、黒板の前に立ち、「壇上の賢者」のように教える先生は存在価値がなくなった。

先生の役割は、ティーチング・アシスタントのようなものに変わってきている。極論を言えば、インターネットにつながってさえいれば、そのような役割の先生も不要だし、「今の教育システム自体がそもそも必要なのか？」と問い直すべき時代になってきている。

学校で、苦手なことを勉強する時間にはなんの意味もない。泳げない人にも「水泳選手を目指せ！」と言っているような今の教育は、本当に不要なものだ。親も親で、「自分が経験してきたことは良いことだ」と思い込んでいるので、自分が受けてきた教育と同じものを、子供にも押しつけようとする。

「親や先生の言うことは正しい」という思い込みをなくすべきだ。常識と言われるものも、その成立過程から見直して、本当にそれが正しいのかどうか考えてみてほしい。

教育システムは変わらないし、親も変わらないなら、自分で学校をやめてしまうのも一つの手だ。大切なのは学校で勉強することではなく、「人生を楽しんで生きるために必要なこと」を実践することなのだ。

大学は、はっきり言ってつまらない

「大学は、つまらない」。これは、実際に東大を中退してみての、僕の感想だ。

東大で印象的なのは、教養学部の文化人類学の講義で船曳建夫先生による、「アメリカ兵とイラク兵の値段は違う。人の値段は違うんです」という趣旨の話が衝撃的だったことぐらい。僕が東大に入学したのが1991年の湾岸戦争の翌年で、東大に入って最初の授業だったこともあって、「やっぱ東京の大学は違うな」と思った。でもそのインパクトが大きかったのか、本当にそれくらいだ。

大学だけじゃない。幼稚園から小学校、中学校、高校に至るまで、学校教育というものは、同じ場所に同じ年代の子供を閉じ込めて同じように育てる、実に歪んだシステムだと思う。

そして、なんの疑いもなく人は大学に行き、そこでは大した実践も勉強もせず大半の人がのんべんだらりと生きている。のんべんだらりを望むならいいが、僕は大学なんて必要ないと思っている。それなら、ＨＩＵで学んでもらったほうがよっぽど人生に役立つ。まあ、これも名前は「大学校」ではあるが、一般的な大学校に比べれば、実践的な大学校の自信はある。

良い大学を出たからとか、良い就職先に就職できたからといって安心できる時代なんて、遠い昔の話だ。それで安心することがいかに危険なことか、よくよく考えてみてほしい。

資格だってそうだ。とりあえず資格をとって安心している日本人がどんなに多いか。その資格はいつまで使えるのだろうか、それは近い将来、ロボットに取って代わられる資格ではないだろうか、その資格の勉強に何年も費やしていて本当にいいのだろうか。それが本当にあなたの「好きなこと」なのだろうか。一度問いただしてみてはどうだろう。

そういえば、あるイベントで大学3年生の男性に次のような質問をされた。

「僕は今人生が楽しくないです。楽しいことが見つからないから、なんのために生きているのかわからないです。堀江さんはなんのために生きているんですか？」

これにはこう即答した。「僕は別になんのためにも生きていない」と。強いて答えるなら、「今のために生きている」。なぜなら、「今が楽しいから」だ。

まあ、これだけで終わらせるのもなんなので、彼に次のように聞いてみた。

「20年生きていれば、人は誰でも人生で一度くらいは楽しいと思ったことがあるはず。あなただって楽しいなと思ったことがあるでしょう」

そしたら彼は「僕は人を笑わせるのが好きです」と答えた。

なんだ、ちゃんとあるじゃんとなり、でもいろいろ聞いて掘り下げてみると、要は「お前なんか、お笑いで食べていくことはできないよ」的なことを周囲からサラッと言われ、それが引っかかって普通の人生を歩まなきゃと思ってしまったようだ。

だったらせっかくの機会だから、壇上に上がってひとネタやってみてよとけしかけると、彼はネタをやってくれた。「空き地でドラえもんとのび太が遊んでいるときに、たまたま通りかかったジャイアンの真似」という一風変わったネタだったが（笑）、思いのほか面白くて笑ってしまった。

彼がその後、どういう道を歩んだのか僕は知らない。でも彼が進むべき道は誰が見ても明らかだろう。

電話に「でんわ」

僕は自分がする必要のない稼働を極力減らして、最大限に時間を効率的に使おうと工夫している。時間のかかるアポの調整なんかは丸投げしているし、移動時間や細切れの時間もスマホなどで常に情報収集をしている。それぐらい、自分の時間について考えているし、僕だけしかできないことをするために、自分の時間を大切にしている。

だから、僕は電話が嫌いだし、電話をしてくる人も嫌いだ。

電話は、僕の貴重な時間を勝手に奪っていくからだ。ブロガーのはあちゅうさんがある記事で、電話を「時間のレイプ」と表現していたが、この考え方にも納得だ。

電話は相手の時間を拘束する。だからよほどの急用でない限り、電話に出ることはない。

電話では「お世話になります」「こんにちは」とお互いに挨拶をする。まずその時間が不要だ。この話をすると皆驚くが、そうやって細かな時間を削っていくことで、自由に使える時間は増えていく。1秒、3秒、5秒を積み上げていくのは本当に大切だ。

電話は仕事のリズムも狂わせる。集中して仕事をしているときでも、電話はなんの予告もなく、突然かかってくる。そこで1分ほど話をしてしまうと、それまで続いていた仕事のリズムがリセットされてしまい、「ちょっと、お茶でも飲もうかな」「あれ、いい案が思いついていたんだけど、なんだったけな」となってしまう。集中が途切れてしまうのだ。

僕はライブドア時代、集中して作業をしているときに隣にいた秘書からアポイント調整のことで話しかけられて、怒ったことがあった。「なんて冷たい社長だ」と周囲には言われたが、「今夜の会食はこの店でいいですか？」なんていう質問は、僕からすればメールですむ話だ。僕が集中して作業をしているときは、メールですむことはメールですませてほしい。

「電話で直接話したほうがメールより気持ちが伝わる」と言う人もいるが、それはそちら側の都合にすぎない。電話がかかってくるとき、僕は集中してメルマガの原稿を書いているかもしれないし、対談をしているかもしれない。

とにかく僕の1日は、集中力を切らしたくない時間で埋め尽くされている。にもかかわらず、電話が鳴ると、ふと集中が切れる。それに、電話に出ないことで知られている僕に、わざわざ電話をしてくるなんて、「何か不幸な知らせなのではないか」という不安すらよぎる。とにかく時間も精神力もワンコールで奪われる。それが電話だ。

LINEは2文字で「おけ」

今の時代、要件はLINEで伝えればいい。1行で十分だし、長くて2行。5行ぐらいまでなると読むのに時間がかかる。頭の良い人や、本当に伝えたいことが明確な人ほど、メッセージは短く簡潔だ。

ごちゃごちゃ長ったらしく書かれている文章で、価値あるものなんてほとんどない。そのほとんどが「お世話になっております云々」「先日はお会いできて云々」といった無駄な文字列だ。僕の人生にはそんなものを読んでいる暇はない。あなたの常識とやらに蝕まれた不必要な礼儀に向き合っている暇はない。

だから僕のLINEの返信は短い。返信のほとんどは「はい」「ほい」「おけ」「は？」「むり」など、2文字以内だ。

SNSの755でやっている「堀江貴文の一人なんでも言って委員会」では簡単な質問を受けつけているので、実際に見てもらうとわかるが、僕の返答は「は？」「ある」「ない」「いいね」「知らない」などばかりだ。

そう、2文字で自分の気持ちはだいたい伝えられる。長くて4文字だ。「どこいる？」に対し、「バンカラ」（カラオケバー）と答えるときくらいだろう。いや、「バンカラなう」と、丁寧に6文字もフリック入力することはある。だが、せいぜいそれくらいだ。簡潔明瞭とは、難しい話以外は、2文字から6文字で伝えることだ。

また「緊急連絡のときは電話がいい」と言う人もいるが、緊急のときこそLINEがいい。

例えば「お父さんが交通事故に遭いました」という連絡の場合。連絡手段が電話だと、通話をできない状況にある場合、その状況は相手に伝わらない。一方でLINEなら、通知がオンになっていれば待受画面に表示が出てくるので、一瞬で相手に情報を伝えることができる。そうすれば、相手もすぐにできる限りの対応をとることができる。

緊急のときでも、簡潔明瞭に、そして確実に情報を伝えることができるのは、やはり電話ではなくLINEなどのオンラインメッセージだ。

インタビューはLINEなどオンラインで受ける

HIUのイベント、プロジェクトなど、人とコミュニケーションをとるリアルな場を大切にしている僕だが、基本的には合理主義だ。オンライン上ですませられるものは極力すませるようにしているし、無駄な稼働は一切しないようにしている。

例えば書籍や雑誌のインタビューなんかも基本的にはオンライン上のスカイプかＬＩＮＥでしか受けないようにしている。

『週刊プレイボーイ』の、ひろゆき氏との連載が対談になった書籍『ホリエモン×ひろゆき　やっぱりヘンだよね　～常識を疑えば未来が開ける～』なんか、表紙の撮影以外はひろゆき氏と会っていない。毎回、ひろゆき氏と僕と担当編集ＳとのＬＩＮＥグループでお題についてひろゆき氏と僕がやりとりし、それを編集Ｓがまとめて連載記事となり、さらにそれを再構成し書籍となったのだ。

よく「インタビューは直接会わなければ熱量が伝わらない」「直接、目を見て話さないと真意がわからない」などと言うインタビュアーもいるが、それは結局、感情論でしかないと思う。

やろうと思えばどこにいても、どんな手段でも、熱量のあるインタビューはとれる。それこそインタビュアーに熱量があれば。

今の時代、メールができないビジネスパーソンはいないだろう。スカイプなどの打ち合わせや会議だって一度や二度、経験したことがある人がほとんどだろう。

　こういうことを言うと必ず古い考え方の人からは、「会ったほうが話が早い」「直接話したほうが理解しやすい」という反論がくるが、それはあなたたちの都合でしかない。

　僕は時間を1秒だって無駄にしたくない。他のことをやりながらインタビューを受けられるLINEのほうが効率がいい。それに記録だってちゃんと残るわけだし便利なはずだ。環境やシステムが整っていないということは、ただの言い訳にすぎない。

「会って話をすることこそ正義」という合理性のかけらもない常識をまず疑ってみることから、自由への道が開けるのである。

僕が「完全ノマド」になれない理由

　あらゆることがノマド化（遊牧民化）する現在。今のところ、僕の理想は

「住宅もビジネスも、完全ノマド」という状態だ。これほど身軽で自由なことはない。特にビジネスにおいて「ノマド」という概念は重要だ。

ノマドといっても、「喫茶店にノートパソコンを持ち込んで仕事をする〝ノマドスタイル〟がカッコいい」という表層的な話ではない。リアルの世界とバーチャルの世界。この二つの世界を自在に行き来するのが、本当の「ノマド」という意味だ。

だが、僕がどれだけ「バーチャルの世界でビジネスを完結させよう」と努力していても、「バーチャルの世界で完結、という考え方についていけない」と相手に拒否されることも多々ある。そんな〝時間泥棒〟のようなビジネスパートナーは、正直御免こうむりたい。

「リアルな場所でリアルな対人関係を結ぶこと」にこだわらず、「オンライン上（バーチャル）で全て完結すること」を良しとすれば、無駄な時間は削減され、パフォーマンスは大幅にアップする。なぜ、その理屈がわからないのか不思議で仕方ない。

「直接会わなければ熱量が伝わらない」「直接、目を見て話さないと真意がわからない」という輩については前で述べたとおりだが、そんな人たちには「対面至上主義者」「エモーショナル野郎」というあだ名をつけて、警戒している。彼らは「感情を動かす」ことに重きを置きすぎている。それより、アウトプットの質を高めたり、よりマネタイズしたり、パフォーマンスを一層向上させる方法について、頭を使って考えるべきだ。

「オンライン」で物事が完結する気持ち良さは、インターネットバンキングを思い浮かべてみればよくわかるだろう。銀行やATMに並ばなくていい、という爽快さ。

エモーショナルな人たちだって、オンラインバンキングの気持ち良さはわかるはずだろうに、「なぜ合理的に振る舞えないのか」と不思議でならない。

究極を言うと僕の夢は、バーチャルの世界までインクルードした（含んだ）「完全ノマド」で、完結すること。そしてパフォーマンスを極限まで高めることだ。

とはいえ、意識的に僕が唯一「リアルな場所」としてその意義を認めているものがある。HIUで開催される月2回の定例会（トーク＋懇親会）だ。

この催しを通して僕が願っているのは「行動したいのにできない人が、行動できるようになること」だ。

「ホリエモンが、ひと言褒めてくれたじゃないか。明日から一つ頑張ってみるか」

こんなふうに、ネガティブな感情にとらわれていた人が少しでも前向きになってくれたとしたら。勇気を出して一歩を踏みだしてくれたとしたら。僕だって言い続けてきた甲斐があるというものだ。

もちろん、そんな励ましはメールなりスカイプなりでも可能なことかもしれない。でも、「行動したいのにできない人」が、一歩を踏みだせるように変化するというのは、実はかなりハードルが高いことだ。誰かのお尻を叩いたり、背中を押したりというときには、やっぱりリアルなコミュニケーションに勝るものはない。

僕の夢は、一人でも多くの人が「好きなことだけで生きていく」世の中をつくること。その「有言実行」のためにも、世界中を飛び回っていても、月に2回のＨＩＵのイベントには全力投球するようにしている。

そこでは、普段は受けないリアル取材も、「公開インタビュー」として受けている（ＨＩＵ限定のFacebookグループで公開）。それは、ＨＩＵメンバーの質問力を高めることにも一役買ってくれるからだ。僕のことを「合理主義者の極み」と笑う人は多い。けれども僕にだって、損得勘定や打算抜きの熱意はまだまだ残っている。さあ、一緒に最初の一歩を踏みだそう。

家も、車も、何もいらない

今の僕に家はない。

「家はない」といっても、「スーツケース一つを携えて快適なホテル暮らしをしている」ということだ。月の半分は海外や地方にいるから、決まった家に定住する必要がない。

「立派な住まいを構えたい」なんてさらさら思わない。どこにいてもスマホ一つあれば原稿が書けてしまうし、ホテル住まいでもまったく困らない。

身の回りの荷物も、最低限だ。ノートパソコン、スマホ、そのケーブル類、洋服。僕のスーツケースには、その4種類しか入っていない。

自家用車も所有していない。タクシーやUber（ウーバー）といったサービスを利用させてもらうだけで十分だからだ。

意外に思われるかもしれないが、僕の所有欲はほぼゼロなのだ。「所有し続けたい」と切実に思うのは、スマホくらいだろう。いったいなぜ、僕はこんなに所有欲に乏しいのだろうか。過去を振り返ると小学生時代の思い出に遡る。

当時、切手を一生懸命に集めていたのだが、「これってお金がいっぱいあったら、簡単に全部コンプリートできるだけの話じゃないか」とふと気づいてしまったのだ。すると、切手への所有欲がスッと消えた。それからは「いったいどうすれば、人の役に立ってお金を稼ぐことができるのか」という方向に興味が深化していったというわけだ。

現在も、家や車の所有に興味はない。かつて結婚していたときに、家を買ったことはあるが、離婚後早々に売り払った。

車についても、いくつか乗ったら、執着がなくなって、結局処分してしまった。このようにさまざまな所有欲から卒業できた今は、とてもスッキリした日々を送っている。そして、「所有欲を満たしたい」という呪縛に苦しまされることなく、本当にやりたいことに没頭しながら生きられている。これは本当に気持ちがいいので、読者の皆さんにもおすすめしたい。

特に家や車などの高額商品への執着から身軽になることには、多くのメリットがある。

そのためにローンを組んだり、無闇に見栄を張ったりすることがなくなり、金銭的な負担は激減する。それに「所有しているものの価値以外で、勝負したい」と思考が正常化するから、より良いアウトプットができるようになる。パフォーマンスも上がる。

つまり、好きなことだけで生きていきたいなら、所有欲ほど無駄なものはない。

所有欲といえば僕は、「パートナーを独占したい」とか「温かい家庭を築きたい」といった欲望からも無縁だ。だから、心配や嫉妬もなく、身軽なことこの上ない。

今時「結婚」などという契約を結ばなくても、一歩踏みだせばいろんな人とつながって、楽しい時間をいつでも共有することができる。

「でも、老後に寂しくなったらどうするんだ?」「介護が必要になったらどうすればいいんだ?」と、「でもでも厨」にそう反論されることもある。

しかし、これから社会全般にテクノロジーが普及していくことを考えると、僕自身が寂しさを感じたり、孤独死を迎えたりということはありえないと思っている。

あなたも、一度「もの」や「人」に対する所有欲を捨ててみたらいい。きっと「本当にやりたいこと」「本当に好きなこと」が鮮明に見えてくるはずだ。

間違いなく、情報が全て

今さら言うまでもなく、現代は情報過多社会だ。

「スマホさえあれば、手に入らない情報なんてない」

そう断言してもよい。だから僕は、あらゆるアプリやツールをスマホにインストールして、情報のハブ（中枢）化している。これほど高効率なことはない。よく利用するのは、次のような媒体やアプリだ。

「LINE NEWS」「Gunosy」「NewsPicks」「antenna」「Twitter」「メルマガ」など……。

ただしよく指摘されるように、情報過多社会ならではの〝落とし穴〟は確実に存在する。「情報が玉石混交で、無駄な情報に引っかかりやすい」というリスクだ。

いくら膨大な「ネット上の知識」のインプットに成功したとしても。そのソース（情報源）が、デマに近い野良記事ばかりだったとしたら、残念な結果にしかならない。

自分の情報感度を正しく保つためには、信頼できる識者を何人かフォローして、「最低限の常識」「現時点での定説」を身につけておくことが重要だ。

「そうはいっても、誰をフォローすればよいのかさえわからない！」

そんな人たちには、僕の手の内を少し明かしておこう。

僕がおすすめする「優良メルマガ」の著者たちを挙げておく。

井戸実氏、大川弘一氏、夏野剛氏、中島聡氏、岩崎夏海氏、藤沢数希氏、高城剛氏、上杉隆氏、磯崎哲也氏、津田大介氏、勝間和代氏、勝谷誠彦氏……。

他にも多数お世話になっているが、とりあえずここらへんで留めておく。

彼らの知見をあなたの頭にインストールすれば、それ以外の情報に触れたときも「これはガセだな」「これは素晴らしい情報だ」という判断処理が、秒速できるようになる。

逆に言えば、彼らの情報に触れていれば、「情弱」（情報弱者）に転落して、変な情報商材をつかまされたり、詐欺まがいの物品を買わされたり、無駄に恐怖に煽られることなんてなくなる。

中には「有料メルマガをわざわざ購読するのか？」という声もあるだろう。しかし、それは「情報＝無料」と思い込んでいる人のほうがおかしい。

有料メルマガの発行者たちは皆、心血を注ぐだけでなく資金も投入して原稿を書いている。「そんな情報を月額わずか数百円で読めるなんて！」とプラスにとらえるよう、思考を180度転換させよう。そうしないと、あなたの脳内は永遠にアップデートされないだろう。

情報の有無が判断の差につながる

『サンデージャポン』で杉村太蔵氏が、日本のカジノについて、「入場料を100万円にして、世界中のセレブのみに使ってもらえる場所にするべきだ」

と意見を述べていたそうだ。僕の番組には、その意見について「なかなか面白いと思う」というメールが届いたが、その方法はうまくいかないだろう。というか、そもそも着眼点がずれている。

それは、そういったセレブ客の自尊心は、一般人の賑やかしがあってこそ満たされるものだからだ。

例えば、世界最大のダンスミュージックの祭典『ウルトラ・ミュージック・フェスティバル』では、ＶＩＰ向けの高額チケットが利益のもとになっているが、彼らは数万人の一般客が訪れる場所だからこそ、高いお金を払って訪れる。それぐらいの価値があると思っている。一般チケットでは儲けは出ないが、このＶＩＰルームで儲けが出る仕組み。

この仕組みは、億単位のお金で遊ぶ人がいるＶＩＰルームで利益を出しているカジノでも同様だ。

だからカジノでは、大量のお金を使い落としてくれるセレブには、豪華なホテルの宿泊代をタダにするような対応をするのが普通だ。もしくは、数百万円払ってでも来場してもらう、など。入場料として100万円をとるというのは、そのような世界の常識と真逆のものだ。

このように、ある事象について正しい情報や知識を知っているか否かで、物事への理解や判断には、大きな差が生まれる。だからこそ、細かなスキマ時間も有効活用し、情報収集をしておくことが大切だ。

稼ぐだけなら「コミュ力0」でいい

「コミュ力（コミュニケーション能力）さえ磨けば、豊富な人脈を築いて、ビジネスの世界で成功できる！」

あなたは、こんな洗脳に毒されてはいないだろうか。

断言するが、ビジネスの世界においてのコミュ力とは、あくまで「十分条件」にすぎず、「必要条件」では決してない。つまり、コミュ力に長けていて困ることはないだろうが、もっと大事なことが他にある。

何より大切なのは使命や理念といった「熱いモチベーション」（動機）があ

るかどうかだ。それも「自分たちだけが儲けたい」という利己的なものは、論外。「新しい発見で困っている人を助けたい」「この商品（サービス）で広く社会の役に立ちたい」というような利他的な動機でないとお話にならない。

例えば、Ａ氏というある男性から次のような願望を聞かされたとき、あなたはどのように感じるだろうか。

「私は自分の能力を最大限に生かして新サービスを社会に提供したい。そして会社をどんどん大きくして上場させ、自分は創業社長として裕福に過ごしたい。外車を幾台も所有して、プールつきの豪邸で毎晩パーティーに興じて、楽しく暮らしたい」

いくら、Ａ氏の能力が高いとしても……。

「彼のビジネスを応援しよう」「彼に投資しよう」とは、なかなか素直に思えないはずだ。Ａ氏には我欲しかなく、ビジネス自体に情熱なんてない、ということがすぐにわかるからだ。

動機も使命感も、果ては世の中の役に立てるようなスキルもアイデアもないくせに、空疎なコミュニケーション技術で無闇に知人をつくっても、無駄なだけ。それよりもまず「情熱を注げるまっとうな対象」を見つけて、一心不乱に取り組むべきだ。

リアルな話をしておこう。

名前と顔が多少知られている僕の場合、正直近づいてくる人の数はとても多い。もちろんまともな人もいるが、安易に資金援助を求めたり、株や不動産などの高額商品を売りつけようとする輩も多い。さまざまな方法で、自分のビジネスになんとか僕を利用しようとする人もあとを絶たない。それには本当にうんざりしてしまう。

さらにげんなりさせられるのが、そういった手合いの自己紹介タイムだ。さして大したこともない「過去の経歴」やら「事業案内」「商品説明」を披露されても困るだけ。そうではなく「私は将来、こんなことを手掛けたい」

「こんなサービスで世界をあっと言わせたい」「今手掛けている事業が成功すれば、世の中はこんなに変わる」など、明るい未来の話をしてくれるのなら、見ず知らずの人だってウエルカムだ。

つまり、僕は誰かと向き合って、昔話やちっぽけな「自慢話」「手柄話」を聞かされたいわけではない。そうではなく、一緒に未来の方向を向いて、「未来をよりワクワクしたものにするためにどうすればよいか」というテーマで語り合いたい。それこそ僕にとって、本質的な意味での〝コミュニケーション〟だ。

僕は、恋愛のときでさえそう思う。

どんなに魅力的な女性であっても、その人一人の過去、現在だけのことを考えているだけではやがて飽きてしまう（そんな男性は僕だけではないはずだ）。そうではなく、「こんな夢をかなえたい」「○○に行って、△△を体験したい」、こんな未来思考ができる相手となら、楽しい時間を長く一緒に過ごせるものだ。脳科学者に聞いた話だが、人は必ず先のこと、つまり未来を考えるようにできているという。

「今の私のことを知ってください」「私ってこんな人間なんです」

そんな「現在形だけのコミュニケーション」ほど無駄で、虚しいものはない。

話は本筋に戻るが、「稼ぎたい」と願うなら、コミュ力なんて0でいい。もしコミュニケーションに長けた広報的な役割が必要になれば、PRパーソンを雇えばいいだけの話だ。それより、熱いモチベーションが本当に自分の中にあるのか。繰り返し自問してみてほしい。

なんでそんなことで悩んでいるの?

僕からすると、「なんでそんなことで悩んでいるの?」と不思議に思うようなことで、多くの人が悩んでいる。そして時間を浪費している。

世の中、何が正解なのかはわからない。だからこそ、とりあえずやってみる。

失敗したり、「この方法だとあまりうまくいかないな」「ひょっとしたらこっちのほうがいいんじゃないか」と気づいたりしたら、そこで軌道修正すればいい。

僕は何か新しい仕事を外注するときも「どの会社に頼もうかな」と悩んだりはしない。

例えば「自社のホームページを外注したい」となったときに、ネットで実績のある会社を検索して、候補リストをつくり、見積もりを出してもらい、実際話を聞いて比べて……という過程は時間の無駄だ。

それぞれの会社が対外的にアピールする実績は、その会社にとって都合のいいことしか書いていないものだ。そんな実績を判断材料にして、「こっちのほうが実績はあるけど、費用は高いし……」と悩んだところで、なんの意味もない。どの程度の能力があるかは、実際に頼んで一緒に仕事をしてみないとわからない。

だから僕は、とりあえず知り合いや近しい関係者、また誰かに紹介してもらった人に、「これ、やってみてください」とお願いしてしまう。それでだめだったら、また違う人に頼む。基本、この繰り返しだ。まずは走りだしてしまい、それから修正を加えていくほうが、物事は早く進んでいく。

いつまでもグチグチと悩んでいる人は、「行動しなくていいための言い訳」を考えているだけの人だ。また、そんなことで悩み続けて行動に移せないことは、その人が本当にやりたいことではない、とも言える。

本当にやりたいことは、人はほうっておいてもやる。本当にお腹がすいた状態で、目の前にご飯が出てきたら、人は絶対に食べる。それと同じことだ。

「これを行動に移したら、どんなリスクがあるだろうか」と延々と考えてしまうことも、本当はやりたくないことだ。本当にやりたいなら、リスクを覚悟し、大事なものを捨ててでも人は挑戦する。

だから、あまりに悩み続けてしまうことがあったら、その道をあきらめてもいい。一つのことで悩み続けているくらいなら、気持ちを切り替えて新しいことに挑戦すべきだ。

悪平等意識を取っ払う

日本には「なんでも一律、なんでも平等」を良しとする悪平等意識がある。その考え方が、さまざまなビジネスの足を引っ張っている。

例えば音楽のライブでも、日本のほとんどのアーティストはプレミアムチケットをつくらない。

海外では、「ミュージシャン本人と握手ができて、写真も撮れる」というプレミアムチケットが、10万円程度で販売されるのは普通のことだ。日本でも、海外のアーティストが来日したときは、こうした数十〜数百万円の特典つきのチケットが発売される。

そのようなプレミアムチケットは飛ぶように売れるし、それがライブの利益を生んでいる。こうした仕組みは、先に述べた『ウルトラ・ミュージック・フェスティバル』やカジノと同様だ。

日本でも、遊園地ではＵＳＪ（ユニバーサル・スタジオ・ジャパン）が、プレミアムチケットに相当する「ユニバーサル・エクスプレス・パス」というチケットを導入している。このチケットは、スタジオパスという入園券とは別に購入が必要になり、さらに料金がかかることになるのだが、待ち時間を大幅に短縮していくつかのアトラクションを楽しむことができる（チケットによってアトラクションの種類や数が変わる）。この「お金を払えば並ばなくてもいい」という仕組みを導入できたのは、ＵＳＪがある大阪のチャレンジに寛容な風土も関係あるだろう。世界では当たり前の仕組みだが、おそらく東京ディズニーランドでは同じことはできないはずだ。

利益の源であり、世間に大きな影響力を持つインフルエンサーでもあるセレブを大事にすることは、ビジネスにおいて本当に大切だ。それでも日本のアーティストが、プレミアムチケットをつくれないのは、高いチケットを売ってイメージが悪くなり、それでファンが減ることを恐れているからなのだろう。海外では当たり前のプレミアムチケットが、日本では「お金のないファンをバカにしているのか！」みたいな話になってしまうのだ。

皆、イメージが悪くなることを恐れすぎている。僕も世間のイメージは悪いが、なんの問題もなく仕事をできている。チケットが高いことで文句を言うようなお客さんは、そもそも来てもらわなくていいと考えるべきだ。

第4章

「好きなこと」だけするためのスキル

ホリエモンの質問道場!?

「ホリエモンへの取材だけは、勘弁してほしい」

「著名人へのインタビューの中で、一番難しいのは堀江さんだろう」

「堀江さんは、全然喋ってくれないからな……」

メディアで僕の記事を発信してくれる取材者たちの間には、こんな評判が存在しているようだ。

要は、僕がインタビューでほとんど話さないで、インタビュアーの聞きたいことが聞けない事態が多い、というわけだ。

でも、これにはちゃんと理由がある。意地悪や面倒くさいから話さないのでは、決してない。

それにこのインタビューの話は、読者の皆さんにも関係のある話なので、よく聞いてもらいたい。

今までお世話になったインタビュアーの中には「超一流」の人は何人かいた。

けれども、9割以上が「残念な人たち」だったのだ。

「堀江がインタビュアーに求めるハードルが高いんじゃないか?」

そう揶揄する向きもあるかもしれない。しかし、断言しておく。「準備不足」で取材の現場に現れるインタビュアーが本当に多いのだ。僕に取材するということが、少なくとも数日～数週間前にはわかっていたはずなのに……。

過去の著作に目を通すどころか、タイトルすら把握していなかったり、僕が発信している動画や記事のことを知らなかったり。SNSへの最近の投稿すら、チェックしていないだろうということがバレバレなのだ。

「短いウェブ記事に、そんなにエネルギーを割けないよ……」という場合でも……。せめて過去1年分の著作については軽くトークできるくらいでないと、取材対象者に失礼だろう。またSNSについては、過去1カ月分くらいは遡って見ておくべきだ。「堀江さんのツイート数が多すぎて無理!」と感じるなら、百歩譲って1週間分でもいい、目を通しておいてほしい。

もっとも、ここで言いたいのは「○年分」「○週間分」といった細かい数値ではない。「インタビュアーから取材対象者への愛がまったく感じられない」という事実を、僕は強調したいだけなのだ。

ここで読者の皆さんには、自分の仕事に置き換えて考えてもらいたい。僕が本当に言いたいことは、何もインタビュアーという特殊な職業に限っての話ではない。

例えば、あなたが営業マンで何か商品を売り込もうとするとき、その会社のことをほとんど調べていない、競合社の商品について知識が乏しい、商品に関するニュースを知らない、といった状態で臨むだろうか。そんな具合だったら、クライアントは僕みたいに、怒り呆れるはずだ。

実際のところ、インタビューそのものなんて場数を踏めば、誰でもうまくなる。本番で臨機応変に対応できるように、自然となる。

だからこそ、本番に備える下準備が大切だということをわかってほしい。

こういった経験をしてほしくて、HIUでは、僕に公開取材ができる場をあえて設けている。

当然その意図は、僕がインタビュアーを〝公開処刑〟のようにこきおろして面白がったり、優越感に浸ったりしたいからではない。

質問を考え勉強し準備し、実際に皆の前でインタビューすることが、人として大きく成長できることを、僕は知っているからだ。

無駄な質問・三原則

分刻み、いや秒刻みのスケジューリングで生きている僕にとって、準備不足のインタビュアーに取材されることほど、大きな痛手はない。心の中で、僕はそれを「タイムレイプ」と名づけて恐れている。

一つ言わせてもらうと、「無駄な質問・三原則」というものがある。

「ググってない（調べてない）」「考えてない」「わかってない」

この三拍子が揃っただめなインタビュアーは、残念ながら世の中に溢れかえっている。

そして、この「三原則」はインタビュアー以外の職業についても言えるだろう。前項でも触れたとおり、「私はインタビュアーじゃないから」などと安心してはいけない。

例えば「ググってない」「考えてない」「わかってない」営業マン、コンサルタント、宣伝・PR、クリエイター、技術者、販売員と呼ばれる人たち。もしかすると政治家やその秘書、官僚、公務員なんかも含まれるかもしれない。挙げたらきりがないので、ここらへんでやめておこう。とにかく、ほとんどのビジネスパーソンにこの三原則が当てはまるので、あなたも耳を傾けて聞いてほしい。

この「三原則」のうち、諸悪の根源は「ググってない」ということだ。

ググってなんらかの情報があれば、ちょっと考えたり、正しく理解したりすることなんて、付随して自動的にできる。だからここでは「ググることの重要性」について、突っ込んで述べておく。

「堀江さんは、まるで脊髄反射のように『ググれ、カス』と言う。冷たい人だ」

　僕のことをそう評する人がいる。でも、寄せられる質問一つ一つに、丁寧に対応し始めると、僕自身がパンクしてしまう。

「ホリエモンはなんでも知っている」と思われているから、常に質問攻め。たまには「ググれ、カス」と辛口な口調で返さないと、僕自身が「人間検索エンジン」みたいになってしまう。つまり、いかなるときでも、「人に聞く」という安易な生き方をしていてはだめ。「自分自身でググる（調べる）こと」が大事なのだ。


　忘れもしない、某テレビ番組に出演したときのことだ。収録中に出てきたキーワードがわからなかったので、iPhoneで検索して即座に示したら驚かれ、ある意味呆れられたことがある。でも、今や検索エンジンは持ち歩ける時代になっているし、わからないことなんて即座に検索できる。

　ほんのひと手間だが、検索をするかしないかでは、人生の明暗がわかれる。

そのうち「ブレイン・コンピュータ・インターフェイス」が進化すれば、脳内でつぶやいたことが瞬時に検索され、その結果が、コンタクトレンズに表示される、といった時代だって来るはずだ。

こんな未来論を語ると、「でもでも野郎」から批判の嵐がよく起こる。「ネットに依存しすぎ」「記憶力が低下する」など……。

けれども現代に必要なスキルは、もはや「記憶力」ではなく「検索力」だ。予言めいた言い方になるが、「ググること」はこれからもっと重要になる。

既存の学校教育のように、記憶力をやたらと偏重するなんて、自動車全盛の時代に足が速くても無意味であるのと同じ。

「でも、でも」と異論ばかりを唱える人には「先祖返りして、江戸時代の不便な暮らしに戻りたいのか？」と問いたい。

検索にアレルギー的な拒否感を抱く人たちはご存じない事実だろうが……。的確な検索は、場合によっては超絶的に難しいことがある。

一般の人を見ていると、気の利いた「検索ワード」が思い浮かばず、求めている情報にたどりつけないケースは意外と多い。また、飛行機の発着時間や電車の乗り換えを調べるのに、オロオロと手間取っている人もよく見かける。さらに言えば、「現在地から一番近くで、今日予約のとれるミシュランの名店を探せ！」などという検索のミッションも、かなりの難易度になるだろう。

もちろんパソコンに文字入力ができる人であれば、どんな検索であっても膨大な時間をかければ、誰でもできるはず。これからは検索が「劇的に速い人」と「絶望的に遅い人」とに二極化するだろう。

検索は、すればするほど上達する。検索マニアの僕が断言するのだから間違いない。検索が速くなると、コペルニクス的転回が訪れる。「あれ、なんだっけ……」と固有名詞を思いだす時間が大幅にショートカットされ、あやふやな情報をもとに議論することがなくなり、より建設的な会話や議論が楽しめるようになる。

現代に必要なスキルは、記憶力というより、むしろ検索力。

そして、答えを手にしただけで満足してはいけない。検索の本当の目的は、手に入れた答えから、クリエイティブなアイデアを生みだしたり、楽しい会話を紡いだりしていくことだ。

僕が一貫して願ってきたのは、高度な検索スキルを手に入れることで、より深いコミュニケーションができて、よりハッピーな人が増えること。そうすれば、もっと楽しい世の中になるはずなのだ。

良質な質問には、相手の理解度に対する知識が必要

僕は何人ものインタビュアーに会い、お世話になってきた。

正直なところ、彼らの技量は千差万別。だが、彼らが共通して僕に教えてくれたことがある。

それは、インタビュアーという仕事の難しさだ。まったくインタビュアーほど「コミュニケーション能力」が必要とされる職業はないのではないか。

ここでいう「コミュニケーション能力」とは、「誰とでもすぐに打ち解けて

場を盛り上げる」とか「どんなに気難しい人とでも楽しく過ごす」などといった、浅薄《せんぱく》な「飲みニケーション」の技術を指すのではない。

相手の要望や気持ち、さらには「相手が自覚なしにぼんやりと抱いている心の声」を白日のもとに引きずりだす技術のことだ。

熟練のインタビュアーになればなるほど、「声なき声」をうまく聞きだせるようになってくる。要は「いい質問」ができるのだ。

この能力は、他の職種のビジネスパーソンも身につけておいたほうが絶対にいい。相手がある仕事のとき、ビジネスが加速するのは間違いない。

ではいったいどうすれば、「いい質問」ができるのだろうか。このテーマだけで1冊のビジネス書が書けてしまうが、ここでは端的に答えを提示しておこう。

いい質問をしようと思ったら、「取材対象者が、どれだけの情報を持っているか」ということを事前に調べ、目安をつけておくべきだ。

つまり、相手の「知識」や「理解」「興味」の水準を、的確に見積もることが重要だ。多めに見積もりすぎても、少なめに見積もりすぎてもだめ。

例えば、僕の興味を「多めに見積もりすぎた」例を挙げてみよう。

以前、「猫の殺処分」について、ＨＩＵの公開インタビューで質問してくれたインタビュアーがいた。彼はおそらく「猫の殺処分」について、さまざまな情報に触れたことがあり、勉強もしっかりしていて、大きな問題意識を抱えていたのだろう。

だが残念ながら、僕はそうではない。当然ながら、会話はまったく続かなかった。

「猫の殺処分についてお聞きします」などという事前アナウンスもなかったのだから、仕方がない。そうなると、話がまったく嚙み合わなくなる。

その時間の価値は、両者にとっても（またその周りにとっても）まったくのゼロとなる。

反対に、僕の興味を「低めに見積もりすぎた」例だってある。

以前、ＡＩについて、質問をしてくれたインタビュアーがいた。ＡＩがらみの話となれば、僕のトークは止まらない。僕はマニアックな話を、一人で延々と続けてしまいそうになった。

インタビュアーは、「まさか堀江さんがこんなに詳しいところまで語れるとは」と内心焦っていたに違いない。残念なのは、そのインタビュアー自身がＡＩについて、「ほぼ素人」だったことだ。もしかすると、彼の頭の中には「堀江さんはＡＩ好きだから、ほうっておいても適当に面白いネタを喋ってくれるだろう」という思惑があったのかもしれない。

いずれにせよ、取材の場で「共有している情報の量やレベル」に不均衡があると、いいインタビューになんてなりっこない。

こんな悲劇が起こらないよう、質問を投げかけるときは、「相手のレベル」を正しく見積もることが非常に大事だ。

さらに、「相手のレベル」を見極めようと思ったら……。「検索力」を発揮して、相手の興味の対象や知識レベルを事前に調べるしか道はないだろう。

やっぱり「検索力」は、人生に必要な本物のスキルの一つなのだ。

「いい質問」には「いい答え」を返します

YouTubeのホリエモンチャンネルでは、視聴者からの質問に毎回解答している。長々と丁寧に回答するときもあれば、ひと言だけの雑な回答に終わるときもあるが、その違いを生むのは質問の良し悪しだ。

僕は、くだらない質問には答えたくない。具体的に何を聞きたいのかわからない質問の場合も、真面目に答えることができない。

例えば「DeNAのキュレーションメディアが炎上したが、まだキュレーションメディアにはニーズがあると思う。例えばコンビニの新商品に特化したものや、スマホゲームに特化したもの。このような例で、世の中のニーズはあると思いますか?」という質問に、僕は「あるかもしれませんね」としか答えなかった。この人が具体的に何を知りたいのかわからず、答える気にならなかったからだ。

この人は、きっと「何か質問をしてみよう」と考えてみたものの、うまく質問がまとまらなかったのだろう。だが実際、いい質問をするのは、意外と難しいことだ。

僕が講演会をするときは、会場の人から質問を受けつけるときがあるが、いい質問は感覚として5〜10％くらいしかない。「堀江さんの本、たくさん読んでいます。それで僕はこんなふうに思ったんです」と自分の感想だけ一方的に言って、なんの質問にもなっていない人もいる。質問を受けつける時間なのに、質問の体裁で自分の意見をぶつけてくる人もいる。

その人は、僕と関わりを持つことや、僕に顔や名前を覚えてもらうことが目的だったのかもしれない。だが、そういう質問をした人は僕の印象にも残らないので、彼の目的は何も達成されなかったことになる。

逆に、いい質問には僕自身のアイデアも伝えたくなる。

例えば、中堅スーパーマーケットに勤めている人から、「コンビニやECサイトには利便性で負け、価格ではディスカウントストアに負けている我々は、どう生き残っていけばいいか、考えています。個人的には、『持ち帰り寿司も魚屋さんのお寿司として、レベルアップを図る』『豪州産の和牛などコスパの高い肉に特化する』など、コンセプトを明確にしたお店を個別に展開し、店ごとに固定客を捕まえたいと思っています。何かアイデアがありましたらご教示いただきたいです」という質問には、「成城石井のような高級業態にするか、コストコのような会員制にシフトするか、イオンモールのようにテナント収入に依存するモデルに展開するか。またインバウンドの外国人向けに特化した店をつくるのもいいし、店舗の隣にスーパーで買った惣菜を食べられる居酒屋をつくるのもいい。売れ残った惣菜を居酒屋で販売するのも面白い」と回答した。

くだらない質問が届くと、回答もくだらなくなる。だが、いい質問が届くと、僕もやる気が出るし、経営コンサルタントのようにアドバイスを送ることもある。質問をするときは、回答をする人がやる気が出るような質問をすることを心掛けてほしい。

僕の頭脳のコピー「堀江ボット」、求む！

「人生」という持ち時間を、1秒も無駄にせず、「自分の好きなことだけで生きていこう」「パフォーマンスを最大限に高めよう」と願うとき。

作戦として考えられるのは「自分しかできない仕事」に集中する、という方法だ。つまり、アウトソーシングできるタスクは、信頼できるプロにできる限り外注してしまえばよいのだ。

例えば僕の場合、自身の「メルマガ運営」は、編集などの技術的なことを含め、外部の優秀なスタッフにできる限り委託するようにしている。

さらにはビジネス以外のプライベートなこと、例えば「自炊」というタスクは「外注」している。つまり、外食産業を最大限に活用させてもらっている。「一切自炊をしない」というマイルールを定めたおかげで、この20余年の間にいったい何千時間を損せずにすんだことだろう。そう思うと、なじみの美味しい飲食店には感謝しかない。

実はこのように、極限まで「外注」を活用しても、僕は時間が全然足りない。「時間を買えるシステム」があれば、買い取りたいくらいだ。

しかし、そんな便利な世の中には、まだまだなりそうもない。そこで角度を変えて、僕が最近夢見ているのが「堀江ボット」だ。

つまり「今の僕の頭脳や思考をそっくりコピーしてくれたような存在が、何人も現れてくれればいいのに」と、真剣に考えている。

そんな人材がいれば、報酬をしっかり渡すから僕の仕事をどんどん肩代わりしてもらいたい。僕は稼働時間を減らして、自由になる時間が増える。つまり、今よりももっと「好きなこと」だけをして生きていくことができる。

僕と同じ思考の堀江ボット的な人だって、それをビジネスに生かし、さらにマネタイズを行い、一層楽しい人生を送ってもらえるようになるだろう。つまり、僕と堀江ボットは、「ウィンウィン」の関係になるわけだ。そこにデメリットは何もない。

そんな思いもあって、堀江ボットを生む第一弾プロジェクトとして、「ホリエモンの代わりにメルマガに回答してみて、それをFacebookグループに投稿しよう!」というものがある。それを僕が見て採点し、より僕の考えが近い人には「ホリエモンポイント」を付与。もちろんそのポイントの活用の場も設ける。

誤解をしてほしくないのだが、堀江ボットになるとは、僕の「手足」や「分身」となることと同義ではない。

堀江ボットを目指す過程で、「検索力」や「要約する力」「質問する力」が身につくことだろう。そして、自分の頭で情報をインプット、アウトプットするという強靭な思考力も備わるはずである。そうなれば、「社会に声を上げよう」「イノベーションを起こそう」という気概も湧いてくるだろう。

堀江ボットという思考の型を通して、よりその人本来の力を生かしてもらい、人生を一層充実させていってほしい。

「堀江貴文」というフォーマット、つまりテンプレートを使いこなして、独自の能力を開花させる人が増えてくれたら……。日本の社会が、もっと風通しの良いものになっていく気がしてならない。

アイデアに固執しない

画期的なアイデアや、新しいアイデアがビジネスチャンスを生むかというと、必ずしもそうではない。

世の中では、だいたい同じような時期に、同じようなサービスが登場するものだ。そして、最初に画期的なサービスを思いついた会社が生き残るとも限らない。特にインターネットのサービスは、他社が同じようなサービスをつくっていたとしても、あとからリリースした会社のほうが勝つこともある。大切なのは最初のアイデアよりも、ユーザーの反応を敏感に察知し、サービスを改良していくことだ。

例えばSNSの世界では、今でこそFacebookが当たり前のように多くの人に使われているが、一昔前の日本ではmixiが主流だった。また、今ではゲームのイメージが強いGREEも、もともとはmixiと同じ頃にスタートした交流機能が主軸のSNSだった。

そしてそのGREEは、開発者で代表の田中良和氏が、Googleが運営していたSNSのOrkutを参考につくったものだ。だが、交流を主軸としたSNSでは、なぜかmixiのほうが世の中に刺さり、GREEはうまくいかなかった。そこでGREEはゲームに舵を切って、結果的に大成功を収めた。

アイデアがいいからといって、必ずしも成功するとは限らないのだ。いいアイデアだからと最初のSNSの形態に固執していたら、GREEが今のように大きく成長することはなかっただろう。

社会の仕組みを理解する

自分が社会の歯車、大きな組織の歯車でいる限りは、その全体像をつかむことはできない。社会の仕組みや、会社という組織の仕組みを学ぶには、自分で事業を立ち上げるのが一番、手っ取り早い方法だ。

事業には興味がないという人でも、この「仕組み」を学ぶ方法はいくらでもある。それは本当に小さなことでもいい。例えばアメリカの学校やインターナショナルスクールでは、感謝祭などのイベントの際に、学生が物を売ったり、チケットを売ったりする機会がある。子供たちはそこで、スモールビジネスを体験し、会計やマネージメントの仕組みを学ぶことができる。

実践を通して得られる経験は本当に大きなものだ。ライブやイベントなどを自分で開催してみるのもいいだろうし、物をつくって売ってみるのもいいだろう。

YouTubeの番組「ホリエモンチャンネル」でアシスタントを務めている寺田有希さんは、自分でカレンダーをつくって販売している。制作から包装、発送、販売、会計、精算まですれば、ビジネスの流れが一通りわかるし、どこに無駄なお金がかかっているのかもわかるはずだ。

結局、「社会の仕組みを知っている」というだけで、その人は優位に立てる。バカで起業するしかなかった人が、恐れずに勢いで事業を始めてみたら、成功してしまったというケースは多々あるが、要は社長として成功している人は、たまたま社会の仕組みがわかってしまった人、ということだ。仕組みを知っているのと、知らないのとでは、それだけで大きな差があるということを理解してほしい。

「発言力をつける」のに「話術」や「コミュ術」はいらない

人前で上手に話をできるようになりたい人や、面白い話をできるようになりたい人は、どんな場所でも自分から積極的に発言をしていくべきだ。

巷には、トーク術や雑談力を上げる本など、話し方に関する本が多いが、僕の経験上、これに尽きると思う。

人前で喋る機会を与えられたときは、喋ることが苦手でも、喋ることがなくても、何かを喋らなくてはいけない。自分の考えは面白いのか、新しいのかと悩んで、自らブレーキをかけてはいけない。くだらないことを言ってもいい。無視されてもいい。発言を続けていれば、そのうち話をするのもうまくなっていく。

今でこそ、多くの人が僕の意見を聞いてくれるが、以前は本当にひどい扱いだった。東京大学名誉教授の船曳建夫さんも、最近は僕の番組に出演したりしてくれているが、僕が学生の時代は、まともに話も聞いてくれなかった。それでも僕は発言し続け、実績も積み上げ続けてきたことで、今では船曳さんに話を聞いてもらえるようになった。

また、面白い話をする自信がない人は、いろんな経験を積んで、興味のあることにどんどん挑戦して、ネタの引きだしを増やすことも大切だ。

岡田斗司夫さんは僕について、「堀江さんは、正直コミュ力はそんなに高くないし、話もうまくないが、熱意や信念がある。本当に話したいことがある人、中身がある人は、コミュ力がなくても、皆が話を聞いてくれる」と言っていた。

好きなことを突き詰めて、情報を吸収し続けることは、発言力を高めるための一つの手段だ。そうすれば勝手にほとばしるものが出てくるし、話も面白くなっていく。

スマホで時間効率を極限まで上げる！

「時間が足りない」という人が多いが、1日を24時間以上に増やすことは誰もできない。だが、無駄に過ごしている時間を減らし、時間効率を上げることで、自由な時間をつくることはできる。

僕も時間の使い方は常に工夫している。食事はできる限り会食にして、いろいろな人たちと話をして刺激を得るようにする。移動などの細切れの時間には、スマホで情報収集をする。また、5分、10分という短い時間でも、メールのやりとりで仕事をする。ジムで走っている時間も、5分ほどのインターバルの間にLINEをしたり、Twitterをしている。トイレに入っている時間も有効に使うべきだ。

やはりスマホは、時間の効率化という面でとても役に立つ。食事中に操作し続けるのは印象が悪いが、目の前の人が本当につまらない話をしているときは、僕はスマホで仕事をしている。

そうやって時間効率を上げていくと、30分程度の空き時間はすぐにつくることができる。その時間を使って運動することもできるし、まとまった仕事もできる。時間効率を上げていくと、1日で1しかできなかったことが3できるようになり、さらに効率を上げれば5はできるようにもなる。

スマホで仕事をする訓練をして、その環境も整えておけば、旅行先でも仕事ができる。会議についても「スカイプで参加する人」と一度認識されてしまえば、「僕はスカイプで」と言っても受け入れてもらえるようになる。そうなれば、旅行も行き放題だ。

僕は旅行もたくさんしているが、そのぶん時間を効率化して、たくさんの仕事をこなしている。時間の使い方を工夫するよう心掛ければ、要領の良さも自然と身についてくるはずだ。

一次情報を取っている人が生き残る

昨年、DeNAの医療キュレーションメディア「WELQ（ウェルク）」が、不正確な記事や著作権無視の転用が見つかって大きな問題となった。まともな企業は、もうキュレーションメディアの運営に手を出すことはないだろう。

それでも残っているキュレーションメディアは、互いにネタをパクり合うことで成立している。その記事で使用されている情報の中で、執筆者が実際に自分の目で見た情報、直接聞いた情報はほんの一部だ。

そんな状況だからこそ、最近は自ら一次情報を取ってくることができる人が注目を浴びやすくなった。その典型例が、メンズファッションバイヤーのMB（エムビー）さんだ。

MBさんは男性向けのファッションコンサルティングのメルマガを発行していて、個人有料メルマガでは僕の次に読者数が多い。おそらくメルマガだけでも何百万円という月収があるし、著書を何冊も出している。

なぜMBさんがそこまで支持されるかというと、一次情報を集めているからだ。彼は毎週2日ほどの時間を費やして、ありとあらゆるアパレルショップを回り、そこで得た情報を文章にしているそうだ。

他人が集めた二次情報では、記事に深みを出すことは難しい。だがMBさんは実際にお店で服を見ているので、素材の風合いや色の違いまで正確に言及・

分析することができる。ＭＢさんの情報をパクったブログは数多くあるが、ＭＢさんのように本を出したり、メルマガで大きな収益を得たりといった活動をできている人はいない。

インターネットの世界では、彼のように自らの足で情報を集めて、大きな人気を獲得する人が時々登場する。パクリメディアが溢れかえっている時代だからこそ、一次情報を取ってこられる人は成功を収めやすくなるだろう。

第5章

不器用なあなたに伝えたいこと

遊びを仕事にする三つのステップ

断言しよう。これからは「遊び」が「仕事」になる。「遊び」を「仕事」にできる。

では「どうすれば遊びを仕事にできる」のか。これには三つのステップが挙げられる。

一つ目は、まず「作業にハマること」。これが必須条件だ。よく言う、好きなことを見つけることだ。

ここで「ハマる」という言葉の意味を誤解しないでほしい。「ハマる」と「頑張る」はまったく異質のものだ。歯を食いしばって努力して「頑張る」ことを続けても、凡百の成果しか得られない。

「作業にハマる」とは、ごく当たり前の話だが「何もかも忘れるくらいに没頭すること」。ここで大切なのは順番だ。例えば人は「仕事が好きだから、営業に没頭する」のではない。順番は逆で「営業に没頭したから、仕事が好きになる」のだ。

心の中に「好き」の感情が芽生えてくる前には、必ず「没頭」という忘我の境地がある。読書やゲームに夢中で電車を乗り過ごしたとか、何か作業をしていて気がつくと何時間もたっていたとか、いつの間にか朝を迎えていたとか、そういう無我夢中な体験だ。没頭しないまま何かを好きになるなど基本的にありえないし、没頭さえしてしまえば知らぬ間に好きになっていく。

では、あなたに没頭できることが見つかったとしよう。さあ、次は何をすればいいのか。二つ目のステップとしては、「思いを持って毎日発信をすること」が必要だ。

やりたいことや、ハマれるものが見つかったら、毎日自発的に思いを発信し続けることが大切だ。それも「言われたからやる」「ノルマだからしぶしぶこなす」という姿勢で取り組んでいてはだめだ。稚拙でもいいから、読み手に「熱さ」が伝わるものでなければいけない。

Twitter でも Instagram でも Facebook でもいい。今の世の中、ツールなんて山ほどある。

脳は「受信」と「発信」の際に使われる部位が違う。だから、「勉強」「読書」「情報収集」のようなインプットだけでなく、SNS上でアウトプットすることは非常に良い訓練になる。より知識を深めることができるし、より多くの人の意見を取り入れることで、新たな発見もできる。

「インプット」と「アウトプット」、両方のバランスがとれているとき、人は格段に成長する。情報収集だけで終わっている「情報メタボ」が、いかに多いことか。そんな生き方じゃ、あなたの良さは一生誰にも認知されない。

そして、最後のステップとして必要なのは「油断しないこと」。

自分がハマれる好きなことが見つかった。

情報のインプットとアウトプットも積極的に行うことができている。

そんなとき大切になってくるのは、「自分自身に油断をしない」ということだ。イチロー選手を例にして考えてみよう。イチロー選手は、生まれつきの「神がかり的な野球の天才」ではないはずだ。厳密に言うと「自分の能力をキープすることに油断をしない天才」だ。イチロー選手は「〝誰でもできること〟

を、〝誰もができないほどの量〟を継続したから結果を出せた」のだ。

イチロー選手は、若い頃に桁外れの量の練習をこなした。最初の頃は、「いやいやこなす」という時期もあったかもしれない。だがきっと、どこかの段階からどハマりして、野球の練習自体に快楽を感じていたはずだ。そうでなければ、あれほどの世界的偉業が成し遂げられるわけがない。

地道にコツコツだけではだめ

さて、ここまで説明した三つのステップを進むことができたら、ぜひ真剣に考えてほしいことがある。

それは「好きなことだけで食べていくために、売れたり名前を広めたりするには、地道な努力だけでは足りない」ということだ。

どこかでトリッキーな行動を起こしたり、極端なアイデアを発信したり、人とは違うことをしないといけないと、現実的にわかってほしい。

もちろん、地道にコツコツ努力をしていれば、偶然にも才能が花開き成功することもある。誰かが華やかなステージに引き上げてくれることもある。これは間違いない。でも、そんなふうに待ちの姿勢でいるより、自分から行動を起こしてチャンスをつかみにいったほうが成功の確率は高いし、何より面白いと思わないだろうか。何度でも言うが、もしだめだったら、また違うことをすればいいだけだ。

トリッキーなことと言えば、僕はそんなことは山ほどやってきた。オン・ザ・エッヂがライブドアを買収したときだって、あえて倒産した「ライブドア」という名称を新会社の名前にした。普通は、そのまま「オン・ザ・エッヂ」とするところを、潰れた会社の名前に変えるのだから、「なんだ、あの会社は」「社長はどんな奴なんだ」と、ちょっとした話題になると思ったからだ。

また、もう有名な話だが、芸人の猫ひろしさんに日本以外の他の国に帰化して、マラソンの代表選手になりオリンピックの出場を目指すことをすすめたのも僕だ。実際に、猫さんの強い決意と凄まじい努力により、カンボジア代表として見事リオデジャネイロオリンピックに出場し完走した。

それに、今の時代、自分の好きなことがニッチであればあるほどチャンスがある。競争相手も少ないし何かをきっかけにブレークできれば、その分野のパイオニアとして活躍できる。後ほど挙げさせてもらう一人（191ページ）も「メディアに取り上げられる」「業界で話題になる」ためにオリジナリティを発信し続けてきた人だ。そして現に成功している。

前述した三つのステップをしっかり踏んだ人なら、相応の実力が備わっているはずだ。あとは、どう自分の魅力を周囲に伝えるかにかかっている。競争相手とどう差別化できるかにかかっている。

あなたの努力がどれだけ立派で尊いものだとしても、常に正当に評価されるとは限らない。だからといって、評価されないことを恨むのはお門違いだ。これからの時代、「たゆまぬ努力」と「トリッキーな手段」、この二つが必要だ。

人と違うことをすれば、時には、やっかみや反発、さらには中傷・批判を受けることもあるかもしれない。でもそんなのほうっておけばいい。自分が本当にやりたいことなら、そんなものは無視して信じて進むしか道はない。「好きなことだけで生きていく」とは、道なき道を行く、そういうことだ。

親は熱中する子を止めてはいけない

よくお子さんに関する次のような質問をよくいただく。

「我が子がゲームに熱中していて困っています。勉強も手につかないようで心配です。止めるべきでしょうか？」

僕はすかさず「止めるべきでない」と返答する。理由は簡単。「熱中」ほど価値があるものはないからだ。熱中する対象はゲームでも、恋愛でも、本でも、鬼ごっこでも、もしくは勉強でもなんでもいい。とにかく「熱中」さえすれば、その体験はその子の宝となる。

親は熱中する我が子を止めてはならない。「何かに熱中したことがある」という体験は、その子の自信となり糧となる。熱中すれば、努力を努力と思わずに自然に工夫するようになる。そうすると、工夫する思考回路が育つ。良い思考を形成する上では、いやいや取り組む勉強より、自発的に「熱中」できる何かのほうが〝1億倍〟以上も役に立つ。

　さて、そう答えると、決まって矢継ぎ早に尋ねられる。

「では堀江さんは、子供にどんな能力を身につけさせれば、最もいいと思われますか？」

　教育熱心なのはわかるが、いったいどこまで過保護な親御さんなのかと呆れてしまう。親はその子が自分で興味を持ったことを、ただ応援してやればいい。今まで主流とされてきたのは英語、そしてプログラミングなどだろう。でも、周囲を見渡してみればわかることだが、そんなものに長けていなくても、成功している人はごまんといる。「何を与えるべきか」と「足し算」の思考で考えるよりも、むしろお子さんの気持ちを尊重してあげてほしい。

　例えば、お子さんが「○○をやめたい」と望むのなら、その訴えを聞いてあげてほしい。「続けているうちに面白くなるから、1年間は我慢しなさい」などと何かを強制するのは、害悪ですらある。

「○○をやめたい」という気持ちは、決して「飽きっぽい」「怠けている」などということではない。単に興味がないだけなのだ。大人の話に置き換えてみればわかるが、興味がないことを続けるよう強いられることほど、つらい時間はないだろう。

子供の興味の対象なんて「移り気」「浮気性」で当たり前。大人はそれを黙認して、応援してやるだけでいい。

現代は、良くも悪くも過保護な親御さんが増えている。過保護には、実は大きな弊害がある。皮肉な話だが、親御さんが先回りして、「ベストな環境」を与えてやろうとすればするほど、お子さんのやる気や自主性が損なわれる可能性が高くなる。だから逆説的に思えるが、大人がレールなんて敷かないほうがいい。

周囲の大人からレールをあてがわれて育った結果かわからないが、本気で「熱中すること」に出会えていない若い世代が増えているような気がしてならない。ＨＩＵのメンバーを見ていても、時々そう感じる。それは、親御さんに大きな愛情や経済力があるゆえに起こる悲劇なのだろうが……。

これから親になるという人は、ぜひこの事実を心に留めておいてほしい。

そして、あなた自身が「大人が敷いてくれたレールの上を、気楽に歩いてきてしまったなぁ」と感じるのなら、今からレールを外れて、自分で進むべき道を決めれば良い。獄中生活から復帰を遂げた僕を見てもらえれば、よくわかるだろう。人間なんて、いつからでもリカバリーが可能だ。

ＨＩＵのメンバーをウォッチしていると、「熱中すること」の面白さを獲得していく過程を目の当たりにすることがある。

「堀江さん、実は僕、今まで好きなことに没頭したことがなくて……」

困り顔で恥ずかしそうに打ち明けてくれた20代男性が、イベントの準備に積極的に参加し始めたことがある。数カ月後、彼が携わったプロジェクトを成功させたのを見た瞬間、僕は正直感動した。

僕は、「熱中すること」の面白さと巡り合うことの困難さを身にしみて知っている。だからこそ、他の誰かが「熱中すること」と出会えた瞬間に立ち会えることが、この上なく嬉しいのだ。

一人でも多くの人が「熱中童貞」を卒業できるよう、これからも僕は全力でバックアップをしていく。そのために、ＨＩＵを立ち上げたようなものなのだから。

給料は我慢の対価ではない

あなたは給料を「我慢の対価」ととらえてはいないか。

「我慢して、労働時間を提供して、楽しくないことをして、つらい思いをするからこそ、お金がもらえる」

そんなさもしい根性になってはいないか。

広い世の中に少し目を向けてみてほしい。好きなことだけをしてお金を稼いでいる人は、たくさんいる。特にインターネットの普及によって、その数は爆発的に増えた。

ユニークな動画を投稿し続け、広告収入などを得ることで生計を立てている「YouTuber」（ユーチューバー）。

ゲームをプレイし、大会などで優勝することで賞金を得る「プロゲーマー」。

ブログを更新することで、広告収入やアフィリエイト収入を得ている「プロブロガー」。

これらはほんの一例だが、「遊びや趣味を仕事にできるチャンス」はありとあらゆる場所に転がっている。もちろんあなたも、遠慮することなくその仲間入りをしていいはずだ。


ここでは、ある二人の男性のエピソードを紹介しておこう。

二人に共通するのは、「ニッチなジャンル」を世界水準にまで極めたところ。そして行動力が豊かなところ。資格などに頼らないところ。そして勤め人（サラリーマン）としてのキャリアがあるところ。そして、なんといっても「遊びや趣味としか思えないことを仕事にした」という点だろう。

だって、「世界的に活躍するプロけん玉パフォーマー」や、「人気メルマガ著者による男性向けファッションコンサルタント」なんて、ひと昔前なら「それって、食べていけるの？」と驚かれた肩書きに違いない。

紹介したい一人目は、世界的に活躍するけん玉パフォーマー、児玉健さんだ。

児玉さんは1980年生まれ、リクルート系の不動産会社を退社したあと、「仕事を遊びに、遊びを仕事に」をスローガンにして活動を開始。けん玉パフォーマンスコンビ「ZOOMADANKE」（ず〜まだんけ）の「コダマン」として世界を飛び回っている。それもインディーズな活動じゃない。NHKの番組にレギュラー出演したり、2016年には紅白歌合戦に出演を果たしたりもしている、メジャー中のメジャーな存在だ。

加えて、児玉さんは「人狼ゲームマスター」でもある。「人狼」という心理ゲームのゲームスペースの経営や、テレビ番組やカードゲームや書籍の監修を手掛けるなど「〝黄金の〟二足のわらじ」を履いている。

つまり率直に形容すると「遊び倒しているくせに、世間的な高評価を得て、稼いでもいる（おそらくモテてもいる！）」のだ。彼の発言は自身のブログで読めることはもちろん、さまざまなメディアでも取り上げられているので、ぜひともググってみてほしい。

もう一人は、4章でも紹介したカリスマ的な人気を誇るメンズファッションバイヤーのMBさんだ。

彼は有料メルマガの著者で、2016年には「まぐまぐ大賞 総合大賞」を受賞してもいる。10代の頃にショップの販売員になり、ショップマネージャー、ウェブマーケティング、洋服屋さんのECコンサル、ファッションバイヤーなどの経歴がある。自身のサイト「KnowerMag」（ノウアーマグ）を運営、ファッションのオシャレを論理的に教えてくれている。そして関連書籍は累計50万部突破という、超人気〝ファッション本作家〟だ。

このファッション本作家という肩書きも、気が利いていて素晴らしい。

ＭＢさんに取材したウェブ記事をいくつか読ませてもらったが、彼は子供の頃から「頭がおかしくなるほど」洋服が好きだったそうだ。そして20代になり「ファッションを理論的に説明したい」「ファッションの公式をつくりたい」という夢を思いついたのだとか。その情熱が高じて、仕事のかたわらウェブサイトを立ち上げ、メルマガ発行を始めたところ、大ヒット。書籍の出版が相次ぎ、現在の活躍に至るのだという。

こう書くと、お二人ともトントン拍子で世に出て、大成功したように見えるかもしれない。だが、指摘しておこう。

「児玉健さんも、ＭＢさんも、最初は〝バリバリの無名〟だった」

これは紛れもない真実だ。

だからこそ、彼らがいったいどのようにサクセスストーリーを紡いでいったのか。その軌跡を想像するだけで、なんだか勇気が湧いてくるではないか。

当然の話だが……「給料がもらえるから、この仕事で我慢するか」という諦念をはるかに上回る「情熱」が、若き日の二人にあったことは、疑いようがない。

お金なんて最低限で楽しめる

「好きなことだけで生きていく」という夢を掲げたとき。どうしてもつきまとうのが、お金の問題だ。僕のところには、例えばこのような質問が寄せられる。

「お金に支配されない自由な生活をできるようになりたいです。自動的に収入が入り続ける資産を確保しつつ、ITやVRなど、他の自分の好きなこともやっていきたいと思っているのですが、資産を確保するには、どのようなものをどのようにやるのがいいでしょうか？　不動産投資や株のベンチャー投資などでしょうか？」

この手の質問を投げかけてくる人は結構多い。彼らには共通点がある。「好きなこと」をするには、「潤沢な資金を確保する必要がある」と思い込んでいること。そして、「お金に支配されない自由な生活をできるようになりたい」

と言いながら、お金の力に頼ろうとしていること。

もちろん彼らは、そんな自己矛盾に気づいていない。僕にしてみれば、彼らからの質問は突っ込みどころ満載なのだが、冷静にこう答えている。

「まずは、お金に対する考えを変えたほうがいい。そもそもビジネスとは信用のやりとりなので、人間関係を円滑にしていつでも助けてもらえる体制づくりをしておくべき。新しい人間関係を常につくれるようにしておくことも大切。あとは〝シェア〟という概念を突き詰めて、お金を使わなくてもよい生活を構築すればいいのでは？」

平たく言うと「ＩＴ」や「ＶＲ」など興味の対象が定まっているのなら、躊躇せずにどんどんやればいい。「お金がない」と反論する暇があれば、クラウドファンディングで資金を集めればいい。

もしくは高い技術や能力、資金を持っている人とつながるようにして、信頼関係を築いて、相手にボランティア的な形で協力してもらえばいい。

「自分よりも優秀な人材とつながりたい」と思えば、日々の暮らし方や時間の使い方が、根本的にガラリと変わるはずだ。

つまり夢の実現のためには、小金をセコセコ貯めるより、信頼関係を〝貯める〟ほうが絶対に早い。

「では、いったいどうすれば信頼関係を〝貯める〟ことができるのか？」

そんな質問も飛んできそうだ。抽象的すぎて禅問答のように聞こえるかもしれないが、「純粋な気持ちで応援してくれる人を増やす」、これしかない。

そのためには、ＳＮＳでの情報発信も欠かせないし、自分の夢の計画をブラッシュアップしたり、ＰＲをすることだって不可欠だ。

具体的な例を挙げてみよう。

僕は「ホリエモンチャンネル」のアシスタントを務めてくれている寺田有希さんが写真集をつくるというとき、ボランティアで、その写真選びをお手伝いさせてもらった。その理由はシンプルで、「寺田さんが頑張っているから応援したい」というものだ。

もちろん、僕以外の寺田ファンは多いし、写真選びの目利きだっている。でも、僕が写真を選んだということで、良くも悪くもなんらかの話題になってくれるかもしれない。それに、何年も一緒にビジネスをやっている相手だ。「写真を選んであげたから、寺田さんからカネをとろう」などと思うわけがない。あなたも、そんな関係をさまざまなところで築いていけばいい。

さらに言えば「一対一」ではなく「一（あなた）対多人数」で、同時並行的に協力してもらえることができれば効率的だ。そんなイノベーティブなシステムはどうすれば構築できるのか。考えるだけでも胸が躍るではないか。

多くの人と緊密な信頼関係を結ぶことができれば、プライベートな面でのシェアだって進む。現にさまざまなところでシェアの概念は定着しつつある。カーシェア、シェアハウス、シェアオフィスしかり。前述したとおり所有という概念なんて手放すべき。引き換えに、信頼できる仲間が手に入る可能性が高まるのだから。

さらにあなたが驚くような話を提供しておこう。

極限すると「カネなんて、誰でもつくれる」。ビットコイン研究家の大石哲之さん（日本デジタルマネー協会理事）、志茂博さん（ブロックチェーン専門企業のコンセンサス・ベイス代表取締役社長）には、こんな刺激的な話をよくレクチャーしてもらっている。

例えば、前出の寺田さんのファンたちが、「寺田コイン」というような〝通貨〟をつくることは、現実的に可能になっている。つまり、メンバー間でのみ流通する一種の〝仮想通貨〟のようなものだ。そうなると、「お金の価値とはいったい何か」、突き詰めて考えるようにもなる。

「好きなことだけで生きていく」のに、莫大なお金は必要ない。仲間がいれば資金ゼロでもいいかもしれない。あなたには、そんな発想をしてほしい。

おわりに　僕の好きなことは「おせっかい」なのかもしれない

僕自身、本書を読み返して思ったことがある。

要するに、僕が好きなのは「おせっかいを焼くこと」なのだと思う。

意外と思われるかもしれないが、僕はかなりのおせっかい焼きだ。

著書『ゼロ』を執筆したのだって、結局はおせっかいだった。あの著書では僕の収監されたときの孤独から、家族のことから、生い立ちから、何から何まで、僕らしくもなく、照れくさいながらに情緒的に伝えさせてもらった。

その目的は、どれだけ照れくさくても、僕も皆と同じように〝人間らしい〟ところもあるのだということをわかってもらった上で、僕の言葉をフラットな気持ちで受け入れて欲しかったからだ。

当時のメディアが植えつけた僕のイメージは、「金の亡者」「超合理主義」「冷たい・ドライ」「常識が一切通じない」「えらそう・威圧的」など、パッと思いつくのはこんなところだろう。

今でこそ、そんな印象は少しましになったものの、それでも僕の世間でのイメージは決していいとは言えないだろう。

だから、今でも「堀江の本なんて買ってやるか」という人はたくさんいる。

でも、僕はそういう人の中にこそ、不器用な生き方をして困っている人がいると思っている。しなくていい努力をして、苦労をして、苦しんでいる人がいると思っている。僕は、そういう人におせっかいを焼きたい。

HIUに入ってくれたメンバーや、僕の著書を手に取ってくれる人は、きっとどこかで僕の「おせっかい」を受け入れてくれる可能性がある人なのだろうけど、それ以外の大多数の人には、簡単に僕の声は届かない。

「もっと楽に楽しく生きられるんですよ！」と叫んでも、なかなか届かない。だから言い続けるしかないのだろうし、だからテレビにも出るし、本も出版する。

こうして、伝えたいことがあるから。

この僕の気持ちを少しでも理解してもらえると嬉しいし、そして、しなくていい苦労をする人生なんて今すぐやめにして、面倒なことはＡＩに任せて、自分らしく楽しいことだらけの人生に踏みだしてみてほしい。

堀江貴文
ほりえ・たかふみ
1972年、福岡県生まれ。実業家。SNS media&consulting株式会社ファウンダー。1991年、東京大学に入学(後に中退)。在学中の1996年、有限会社オン・ザ・エッヂ(後のライブドア)設立。2002年、旧ライブドアから営業権を取得。2004年、社名を株式会社ライブドアに変更し、代表取締役社長CEOとなる。2006年1月、証券取引法違反で逮捕。2011年4月、懲役2年6カ月の実刑が確定。2013年3月に仮釈放。現在は、ロケットエンジンの開発やスマホアプリのプロデュース、有料メールマガジン「堀江貴文のブログでは言えない話」の配信、会員制コミュニケーションサロン「堀江貴文イノベーション大学校」の運営など、幅広く活躍。主な著書に『稼ぐが勝ち』(光文社)、『ゼロ』(ダイヤモンド社)、『本音で生きる』(SB新書)、『99%の会社はいらない』(ベスト新書)、『すべての教育は「洗脳」である』(光文社新書)など多数。

ポプラ新書
126

好きなことだけで生きていく。

2017年5月8日 第1刷発行

著者
堀江貴文

発行者
長谷川 均

編集
村上峻亮

発行所
株式会社 ポプラ社
〒160-8565 東京都新宿区大京町22-1
電話 03-3357-2212(営業) 03-3357-2305(編集)
振替 00140-3-149271
一般書出版局ホームページ www.webasta.jp

ブックデザイン
鈴木成一デザイン室

印刷・製本
図書印刷株式会社

N.D.C.159/204P/18cm ISBN978-4-591-15466-3

秩序なき時代の知性

佐藤 優

佐藤優が今もっとも注目するさまざまな分野のプロフェッショナルたち。古い常識や思想を超え今の時代を摑むには、新しい知性が必要。権力になびかず時代を嘆くこともない、最先端の柔軟な思考は、先の見えない時代を生きるうえでの力強い助けになるはずだ。

コンピュータは私たちをどう進化させるのか

必要な情報技術がわかる8つの授業

橋本 昌嗣

IoT、ビッグデータ、クラウドサービス、ディープラーニングってなんだ？ という人は、まずは8つの授業で基礎を学ぶことから！ ITが苦手な人も面白くわかりやすく読める入門書の決定版。情報技術の土台を理解することで、話題のキーワードがスラスラ説明できるようになる1冊。

生きるとは共に未来を語ること　共に希望を語ること

昭和二十二年、ポプラ社は、戦後の荒廃した東京の焼け跡を目のあたりにし、次の世代の日本を創るべき子どもたちが、ポプラ(白楊)の樹のように、まっすぐにすくすくと成長することを願って、児童図書専門出版社として創業いたしました。

創業以来、すでに六十六年の歳月が経ち、何人たりとも予測できない不透明な世界が出現してしまいました。

この未曾有の混迷と閉塞感におおいつくされた日本の現状を鑑みるにつけ、私どもは出版人としていかなる国家像、いかなる日本人像、そしてグローバル化しボーダレス化した世界的状況の裡で、いかなる人類像を創造しなければならないかという、大命題に応えるべく、強靭な志をもち、共に未来を語り共に希望を語りあえる状況を創ることこそ、私どもに課せられた最大の使命だと考えます。

ポプラ社は創業の原点にもどり、人々がすこやかにすくすくと、生きる喜びを感じられる世界を実現させることに希いと祈りをこめて、ここにポプラ新書を創刊するものです。

未来への挑戦!

平成二十五年　九月吉日　　株式会社ポプラ社